Shark Movie
サメ映画大全
知的風ハット

左右社

SharkMovie
サメ映画大全

はじめに

　本書は俗に"サメ映画"と呼ばれる映像作品の数々を、1年と5ヶ月の執筆期間をかけ1冊にまとめた評論本である。

　2020年12月31日までに日本国内でソフト化されたサメ映画をピックアップして取り上げつつ、本書の執筆時日本国内ではソフト化されていなかったサメ映画や、本書に設けたサメ映画の定義からはやや外れる"準サメ映画"については別途コラム形式で紹介している。

　またVHS版とDVD版、テレビ放送版でそれぞれ邦題が異なる、複数の名称で知られているサメ映画は、基本的に手短でより本編の内容に即している方を選び、各作品ページのタイトルに据えた。

　あくまで一個人が主観を交えて執筆した評論本であるがゆえに妄信は禁物だが、本書をサメ映画の入門書として役立てていただければ幸いである。

　最後に、本書の執筆にご協力くださったオーストラリアの国立視聴覚アーカイブセンター"National Film & Sound Archive of Australia"のAngus氏に、この場を借りて厚くお礼申し上げたい。

サメ映画の定義について

あえていうならば"サメ映画"なる単語に定義は存在しない。初代『ジョーズ』のヒットを起点として自然発生し、そのまま長い映画史の中で曖昧に浸透していった俗語に定義など存在しようもない。

しかしながら、例えば「ルチオ・フルチ監督作のゾンビ映画『サンゲリア』でワンシーンながらサメが戦うから」、「男はつらいよシリーズにワンシーンながらサメが現れるから」、「劇場版仮面ライダーシリーズにサメがモチーフのキャラクターが出てくるから」といって、明らかに無関係の作品群までサメ映画と称して不特定多数に発信するような行いはさすがにやり過ぎで、虚偽の風説の流布あるいは単なる数の水増しとなりかねないこじつけだろう。

加えて、数多くの映像作品の中に"サメ映画"という枠組みを設けて体系的にまとめていくとするならば、やはりその作品群の線引きに用いる定義が評論本として必要不可欠となってくる。よって本書では、以下の条件に当てはまる映像作品をサメ映画として取り扱う。

①サメの存在をメインテーマもしくはサブテーマに含む、あるいは含もうとしている、長編の実写創作物

例えばサメの恐怖を描いた初代『ジョーズ』は言わずもがなサメの存在がメインテーマの実写創作物である。『オープン・ウォーター』と『海底47m』は海洋スリラー物だが、作劇上サメの存在がサブテーマの創作物とする。一方でメインプロットに大きくは関わっていないながらもサメの出番が多い『死海からの脱出』などのようなアクション物、事実上サメに等しいクリーチャーが出る『プロテウス』、『キラー・シャーク 殺人鮫』などのようなモンスター・パニック物は、ケースバイケースにはなるが取り扱っていきたい。

ただし、①の条件を満たしうるにせよやはり戦争物という側面の方が強い『パシフィック・ウォー』、年老いた漁師とマカジキが繰り広げる物語のテーマ性の方があまりに勝る『老人と海』のようなグレーゾーンの作品群は、本書から除外もしくは"準サメ映画"として別の枠組みで紹介する。

そして『青い海と白い鮫』、シャークウォーターシリーズに代表されるドキュメンタリー映画、『シャーク・テイル』、『シーフード』、フィッシュ・レースシリーズなどのようなアニメーション映画、『床ジョーズ』『ダイヤに溺れてオーシャンヒート』『DICKSHARK』『バ

イブヘッドシャーク 水中アクメ』など
のようなポルノ映画、その他ショート
ムービーの類いは本書から除外する。

**②映画配給会社の手を経た上で、劇
場公開、テレビ放送、ソフト化の少な
くとも一点を満たした映像作品**

　本来ならば、映像媒体の発表形式に
までこだわる必要性は皆無である。劇
場公開作品からテレビ映画、ビデオス
ルー、ビッグバジェット作品にイン
ディー映画、ストリーミングサービス
限定作品に至るまで、皆平等に同じ映
像作品には違いない。

　だが近年、アマチュアが動画配信プ
ラットフォームに投稿した一動画まで
をも、第三者が"サメ映画"、"カルト映
画"であると不特定多数に吹聴して既成
事実化せんとする行いが、SNSで局地
的にエスカレートしているがゆえに、
②の条件を付加せざるを得なくなった。
一般人に等しい動画投稿者が戯れに製
作したアップロード動画、ホームビデ
オの試し撮り、あるいは承認欲求が過
激化した悪ふざけすら逐一"サメ映画"と
して担ぎ上げ、十把一絡げにまとめて
いくような行いは無意味にして不誠実、
かえって情報錯綜を招くばかりである。

　したがって、本書では『JAWS19』と
『SHARKS VS METRO』を含むロシアの
『死んだサメの森』関連作、『KING KONG
VS. JAWS』、『GHOST SHARK2 URBAN
JAWS』などのような、②の条件を伴わ
ないホームムービーあるいはアップロー
ド動画は除外、もしくは別途コラムにて
言及する。

　もちろん、本書は決して動画製作並
びに映像作品の自主製作活動そのもの
を、否定ないし批判しようという意図
は持ち合わせていない。あくまで執筆
上の情報整理と線引きのために、やむ
を得ず付け加えた条件であることは重
ねて申し上げておきたい。

　なお以上の条件は本書のために、そ
の執筆者が主観、独自の判断基準から
暫定的に設けたものである。常識の範
囲内で"サメ映画"の定義はやはり個々
人の手に委ねられるべきだろう。

SHARK 3　1991-2000

SHARK 4　2001-2010

SHARK 5 2011-2020

凡例
・作品解説ページ上にある年度は製作年を表しています。
・「SHARK LEVEL」の★印は5段階評価になっています。
・映画作品名の『　』のあと（　）内4桁の数字は製作年を表しています。

注意
ページ右端にサメが出現する可能性がございます。めくる際はご注意ください。

SHARK 1

1962-1980

1962年

幻のサメ映画

チコと鮫

原題・別題
TI-KOYO E IL SUO PES
CECANE／TIKO AND
THE SHARK

製作国
イタリア／フランス
112分／COLOR

監督
フォルコ・クイリチ

原案
クレメント・リッチャー

製作
ゴッフリード・ロンバルド

脚色
イタロ・カルヴィーノ

脚本
フォルコ・クイリチ／アウ
グスト・フラシネッティ／
オッタヴィオ・アレッシ

撮影
ピエル・ルドヴィゴ・パ
ヴォーニ

音楽
フランチェスコ・デ・マージ

出演
アル・カウエ／マルレーヌ・
アマング／デニス・プヒラ
／ディアーナ・サムソイ

SHARK LEVEL
恐怖度
★
オススメ度
★★★★
トンデモ度
★★★

STORY

　南太平洋トゥアモトゥ諸島の漁村に生まれたチコは、きらめく青い海の中で、浅瀬に迷い込んできた1匹の人食いザメの子と知り合う。その地の漁夫からはかねてより忌み嫌われていた人食いザメだが、チコはその子に"マニドゥ"という名を与え、浜辺の水溜まりで密かに育てていくことに。やがて小さな水溜まりから、チコとマニドゥのみぞ知る秘密の入り江に場を移した1人と1匹は、はるばる異国から来た友人ディアーナを交え、実り多き少年時代を過ごしていた。

　しかし、休暇中に家族で島を訪れていたに過ぎないディアーナとの、別れの日が迫る。また時を同じくして、マニドゥがふと秘密の入り江から姿を消してしまった。深い喪失感に包まれながらも月日は流れ、いつしか精悍な顔立ちの青年に成長したチコは、一人前の漁夫として日々を送る中、およそ10年の歳月を経てマニドゥと再会。さらにはその後、美しく成熟して戻ってきたディアーナとも旧交を温めたチコだが、その頃の村は彼やマニドゥの生き方とは相容れぬ、近代化のうねりで様変わりしており……。

解説

　日本国内では2018年にDVDがリリースされるまでついぞソフト化されていなかったがゆえに、長らく幻の作品として扱われていたサメ映画が、この『チコと鮫』だ。

　なお本作に登場するサメの"マニドゥ"は、本物のサメを使用している。

　監督は元々水中撮影を専門とし、フィクションからドキュメンタリーまで、人と海、文明と自然に関する映像作品を数多く製作してきたフォルコ・クイリチ。代表作には本作のほか『青い大陸』(1954)や『遥かなる青い海』(1971)がある。また

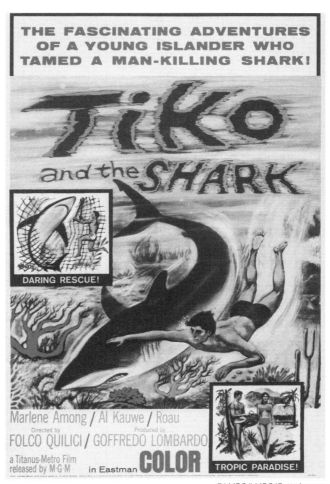

　脚色には"文学の魔術師"とも呼ばれるイタリアの作家、イタロ・カルヴィーノが参加している。

　本作は二部構成の物語である。主人公の幼年期が軸となる前編では、その生い立ちから南国の伝統文化に加えて、人食いザメの子との出会いと別れ、およそ対極的なまでに価値観の異なる他郷の少女と結んだ絆を描いている。主人公の回想、独白という形でぽつぽつと思い起こされる少年時代の断片は、ややぎこちない話運びであるがゆえの写実性と懐

少年チコはある日、浅瀬に迷い込んできた1匹の人食いザメの子と出会う

古的な美しさを帯びており、切なくも温かいものだ。

　また作中に挟み込まれる、島の風俗描写、特に鏡を使った伝統的追い込み漁法や、背ビレにココナッツを突き刺した海水魚を放つ見世物、人食いザメに対して熱々に煮たカボチャを撒き餌と共に与え、その内臓に火傷を負わせて殺す術は、さすがに現代社会の観念とは倫理道徳的に相容れぬ面も多々あれど、ひとつの文化的資料として興味深い。

　対する後編では、島の近代化と新たな価値観の浸透に伴い廃れていく伝統、忘れ去られていく文化に対して、大自然の中での暮らしを尊ぶチコが、マニドゥと共に新天地を目指すまでを描いている。前編とは毛色が異なり、監督のナチュラリスティックな思想がよりストレートに押し出されるようになってはいるものの、その牧歌的な空気感は変わらぬままだ。

　もうひとつ、フランチェスコ・デ・マージが作曲したメインテーマは素晴らしい。南海のまぶしい太陽と音楽、そして抒情的な雰囲気こそが、未だ色褪せぬ本作の魅力だ。

　いわゆるモンスター・パニック物のサメ映画とはまるで異なるタイプの一本だが、本作もまたマスターピースには違いない。

DATA

原題・別題
SHARK!／CAINE／MA
NEATER／サミュエル・フ
ラーのシャーク!／恐怖の
ダイビング 鮫と金塊／
シャーク! シャーク! シャー
ク／シャーク／衝撃実写・
人喰いザメ シャーク・
シャーク・シャーク

製作国
アメリカ／メキシコ
93分／COLOR

監督
サミュエル・フラー／ラ
ファエル・ポルティーリョ
(ノンクレジット)

原案
ヴィクター・カニング

製作
スキップ・ステロフ／マー
ク・クーパー

脚本
サミュエル・フラー／ジョ
ン・キングスブリッジ

撮影
ラウル・マルチネス・ソラ
レス

音楽
ラファエル・モロヨークィ

出演
バート・レイノルズ／シルヴィ
ア・ピナル／バリー・サリ
ヴァン／アーサー・ケネディ

SHARK LEVEL

恐怖度
★
オススメ度
★★
トンデモ度
★★

1969年

いわく"『ジョーズ』より古いサメ映画"

ザ・シャーク

STORY

スーダンで警察に追われていた武器商人ケインは、冒険活劇めいた逃走中に手荷物とトラックを失い、紅海の小さな港町、サバーで立ち往生する羽目に。目指すポートスーダンまでは自動車で2日、ラクダで1ヶ月、歩きでは永遠に辿り着けないと言われる辺境で、敏腕警部に付け狙われてしまったケイン。進退窮まった彼は、ちょうど紅海で研究作業のための助手を探していたという男女、ダン・マラーラ教授とアンナの下で働くこととなる。

しかしながら身分を偽ってまでケインを雇った2人の狙いは、沖合の珊瑚礁に眠る沈没船ビクトリア号の財宝を回収すること。ケインの前任者がその海域を縄張りとする人食いザメに殺されてしまったがゆえ、トレジャー・ハンターのダン・マラーラ教授とアンナは、使い潰しの人手を求めていたのだ。が、同じアウトローとしての嗅覚から企みを看破すると、彼らの悪巧みに便乗せんと画策するケイン。対するは実利とプライド、猜疑心と合理性の間で葛藤するダン・マラーラ教授に、ケインが裏切らぬよう色仕掛けで牽制するアンナ、そして人食いザメ。

紅海の珊瑚礁に渦巻く欲望はいつしか陰謀へと移り変わり、誰もが互いを出し抜かんと目論むが……。

解説

ヴィクター・カニングの執筆した『His Bones Are Coral』を基に、サミュエル・フラーが実写化したサメ映画が、この『ザ・シャーク』だ。日本では"『ジョーズ』より古いサメ映画"として知られているが、本作はあくまで沈没船の財宝を巡る男女の駆け引きを描いたサスペンス物。人食いザメの出番はさほど多くもなく、物語の主題とも言い難

い。そのため本書に設けたサメ映画の定義からはいささか
外れるが、本作はなまじ "『ジョーズ』より古いサメ映画"
の売り文句ばかりが先んじて世間的に広まり、既成事実化
してしまっている分、サメ映画を語る上で避けては通れな
い一本となってしまっている。よって本書では例外的に、
本作をサメ映画の枠組みで取り扱う。

　監督は特にフランスで高い評価を得ている『裸のキッ
ス』(1964) などのサミュエル・フラー。とはいえ、諸事情
から本作のプロデューサーと対立していた彼は、自らの名
をクレジットから外すように要求していたという。加えて
本作のカットは、プロデューサーがサミュエル・フラーに
無許可で再編集している。

　主演はバート・レイノルズ。彼は本作の後にアクション・
スターとして台頭することとなる。

　本作の撮影中にはスタントマンが、保護用のネットを
破ったサメに襲われ死亡するアクシデントが発生したとい
う。その上で本作はスタントマンの死をフィルムに収め、
タイトルを『CAINE』から『SHARK!』に改題して話題性
を煽る無神経極まりない宣伝戦略を取ったと言われてい

『サミュエル・フラーの
シャーク!』
DVD 発売中
販売元:マグネット・コミュ
ニケーションズ

る。ただし、のちの調査ではその亡くなったホセ・マルコ
なるスタントマンに関するデータと、事故の公式記録、並
びに2日間の入院後に絶命したホセ・マルコの診療記録が
まるで見つからなかったとも聞く。真相ははっきりしない
が、本物のサメを使用した襲撃シーン自体は、ひとつの映
像作品としての特徴には違いない。

　ただいかんせん物語の導入部、主人公がトレジャー・ハ
ンターと手を組むに至るまでの前置きがおよそ不必要なま
でに精細で冗長だ。クライマックスで繰り広げられる主人
公の駆け引きと、その後ヒロインに示唆される悲劇的結末
に関してはなかなか面白かった分、まるで本題に入らず枝
葉末節ばかりに注力した話運びが惜しまれる。

　必ずしも悪くはないが、本編そのものより作品外で囁か
れている逸話の方が強烈なサメ映画だ。ただし与太話めい
たエピソードも多いため、語り継がれているそのすべてを
鵜呑みにするのは避けた方がいいだろう。

サメ映画の原点

ジョーズ

STORY

　アメリカ合衆国東海岸アミティ島。サマーシーズンの観光収入で成り立っている片田舎の浜辺に、女子大生の遺体が打ち上がった。検死解剖の報告から、彼女を人食いザメの犠牲者だと見た警察署長のブロディは、海水浴場の閉鎖を訴える。ところが、町が被る経済的損失の方を問題視した市長はブロディの進言を一蹴。かくして第二、第三の犠牲者をビーチで出すこととなったアミティ島は、やはり大打撃を受けてしまった。

　業を煮やしたブロディは、海洋生物学者のフーパーと、腕利きの船乗りとして知られるクイントに協力を求め、その恐るべき人食いザメを狩るべく大海原に乗り出す。

　だがブロディが挑んだホホジロザメは、フーパー並びにクイントさえもが目を見張るほど、規格外の力を持った殺人マシーンで……。

解説

　ピーター・ベンチリーが執筆した同名の原作小説を基に、スティーブン・スピルバーグが実写化したサメ映画が、この『ジョーズ』だ。

　爆発的に伸び続けた公開時の興行成績もさることながら、本作の影響力が「1975年に海を訪れた観光者数を減らした」「ホホジロザメに人食いザメというイメージを与えた」と言われるまでの社会現象化、第48回アカデミー賞3部門受賞に加えて、本作の記録的大成功がサメ映画を含むアニマル・パニック物の映像作品が急増したターニングポイントであることを鑑みると、やはりこの『ジョーズ』が今に続くすべてのサメ映画の原点だと断じてしまって差し支えないだろう。

DATA

原題・別題
JAWS

製作国
アメリカ

124分／COLOR

監督
スティーブン・スピルバーグ

原案
ピーター・ベンチリー

製作
リチャード・D・ザナック
／デヴィッド・ブラウン

脚本
ピーター・ベンチリー／
カール・ゴットリーブ

撮影
ビル・バトラー

音楽
ジョン・ウィリアムズ

出演
ロイ・シャイダー／ロバート・ショウ／リチャード・ドレイファス／ロレイン・ゲイリー／マーレイ・ハミルトン／ジェフリー・クレーマー／スーザン・バックリニー／クレイグ・キングスベリー／ピーター・ベンチリー

SHARK LEVEL

恐怖度
★★★★★
オススメ度
★★★★★
トンデモ度
★★

『ジョーズ』
Blu-ray&DVD 発売中
発売元：NBCユニバーサル・エンターテイメント

©Sunset Boulevard/Corbis Historical/Getty Images

　ちなみに原作小説の『ジョーズ』はブロディの妻エレン
とフーパーが不倫を行うエピソードを筆頭に、腐敗した地
域社会と鬱屈した人間関係に重きを置いたドラマ性の強い
作品に仕上がっている。

　監督は言わずと知れたスティーブン・スピルバーグ。弱
冠28歳で『ジョーズ』を作り上げた彼は、撮影中に頻発し
た海上撮影に伴う機材のトラブル、オーバーワークの常態
化、ストレスを溜め込んでいたクルーの指揮、撮影期間と
予算の超過から、撮影時を振り返って「悪夢」と表現して
いる。

　メインキャストは『フレンチ・コネクション』(1971) や
『オール・ザット・ジャズ』(1979) のロイ・シャイダー。
『007 ロシアより愛をこめて』(1963)、『バルジ大作戦』(1965)
が代表作のロバート・ショウ。そして『未知との遭遇』
(1977)、『グッバイガール』(1977)、『スタンド・バイ・ミー』
(1986) で知られるリチャード・ドレイファスの3人。特にロ
バートとドレイファスの折り合いが悪かったのか、しばし
ば小競り合いを起こしていたと伝え聞く反面、ドレイファ
スはロバートを「尊敬していた」と述懐している。

なお本作の撮影のために用意された三機のホホジロザメの模型は、クルーから"ブルース"という愛称で呼ばれていたとのこと。しかしながらこのブルース、主に腐食と浸水、その他いくつもの欠陥から常に不具合を起こし続けており、スピルバーグいわく「思っていた効果の半分も使えなかった」という。だが一方でホホジロザメの視点から見たカメラワークや、ジョン・ウィリアムズの作曲したメインテーマ、効果的に樽や板切れを使った演出を用いて、画面上に映らぬサメの存在感をはっきりと示すために重ねられた創意工夫の数々が、本作の出来栄えを底上げすることに繋がっている。

　本作を二部構成の物語だとして見る評は多い。確かに前半の、神出鬼没に人を襲うサメの脅威はパニック系のホラー映画めいており、対する後半では3人の癖の強い男たちが、軽口を叩き合いながら海の旅に出る、いわゆる海洋冒険譚じみた空気感が特徴だ。とはいえ前半と後半で形を変えまったく異なる趣向を凝らしながらも、サメの恐怖を描いた物語という軸の部分は一貫しているがゆえに、本作は唯一無二の、芯が通ったサメ映画の原点として成立している。本作のストーリーラインを表面的に取り入れたサメ映画は数あれど、その基礎構成力の強さに倣っている映像作品はそう多くもない。

　いささか頼りない海嫌いの主人公ブロディが、愛する我が子を守るために自ら沖合でサメと戦わんと決意し、そして不格好ながらも悪戦苦闘の末に、フーパーとクイントですら仕留めきれなかったサメを討ち取る、その王道のプロセスを通った上で得られるカタルシスもまた見事だ。

　その怖さと楽しさ、そして音楽と演出の巧みさが、本作を未だ色褪せぬサメ映画の金字塔にしている。言わずもがな、未見の方はぜひとも鑑賞しておくべきだろう。

DATA
原題・別題
MAKO:THE JAWS OF
DEATH／JAWS OF
DEATH／シャークジョー
ズ・人喰い鮫の逆襲
製作国
アメリカ
93分／COLOR
監督
ウィリアム・グルフェ
原案
ウィリアム・グルフェ
製作総指揮
ドロ・ヴラド・レイジャノ
ヴィック／ポール・ジョセフ
脚本
ロバート・マダリス
撮影
フリオ・C・チャヴェス
音楽
ウィリアム・ルース／ポー
ル・ルーランド
出演
リチャード・ジャッケル／
ジェニファー・ビショップ
／ハロルド坂田／ジョン・
デイヴィス・チャンドラー
／バフィ・ディー

SHARK LEVEL
恐怖度
★
オススメ度
★★★
トンデモ度
★★★

1976年

シャーク・ノワール

地獄のジョーズ '87最後の復讐

STORY

かつてフィリピン諸島で海洋サルベージ業に就いていた
ステインは、海賊から奇襲を受けた際、たまたま近くに居
合わせたアオザメの群れによって命を救われる。それ以来
サメを心の友として扱うようになった彼は、現地のシャー
マンから譲り受けた不思議なメダリオンの力を借りて、サ
メとコミュニケーションを取る術まで会得。のちにフロリ
ダ州へ移ると、キーウエスト沖を拠点にアオザメとの親交
を深めつつ、サメの縄張りに立ち入る無法者を密かに葬り
去る日々を送っていた。

しかしステインがサメを手懐けていると知って、海洋生
物学者やストリップクラブのオーナーが続々と彼を訪問。
あの手この手で丸め込みつつ、どうにかしてサメを手に入
れんと目論む。たちまち騙され、裏切られ、人間の飽くな
き欲望の前にとことん翻弄された末、ついには友人のサメ
を殺されてしまったステイン。激しい怒りと悲しみに打ち
震える彼は、暗い復讐の決意を宿して……。

解説

そのおどろおどろしい邦題には "87" などと表記されて
いるものの、実際には1976年に公開されたサメ映画が、
この『地獄のジョーズ '87最後の復讐』だ。本家『ジョー
ズ』とはまったく無関係の作品である。

主演は『オレゴン大森林 わが緑の大地』(1971) で第44回
アカデミー助演男優賞にノミネートされたリチャード・
ジャッケル。サメ映画すなわちアニマル・パニック物を中
心に取り扱っている本書としては、彼があのウィリアム・
ガードラーの『グリズリー』(1976) や『アニマル大戦争』
(1977) に出演しているという点について言及しておきたい。

また本作には、『007 ゴールドフィンガー』(1964) でオッドジョブ(便利屋)を演じた日系人プロレスラーのハロルド坂田が登場。クレジットには "Harold 'Odd Job' Sakata" の名で記載がなされている。

　本作の主人公は、とあるいきさつからサメを愛するようになり、やがてサメのために世間一般の人々と戦い始め、ついには自分の人生すらサメに捧げてしまった、その純粋さゆえの苛烈さと気難しさを併せ持つ人物である。なまじテレパシーを用いてサメと対話する技能を得たことで、もはや常人では理解し難いほどサメを擬人化して見ている彼と、人間社会との間に生じた断絶は、一見目立たないにせよ不可逆的なまでに広がってしまっている。自他共にサメ好きの人間嫌いを認めている彼は、元々サメと自宅で生活を送り、サメのためならば犯罪行為を厭わないまでに至っていたのだ。他人との交流を完全に断ち切ってはいない分、かえって一触即発の危うさを感じるほどに。

　そんな危うい主人公のもとに集まってきた科学者とビジネスマンが、サメに対する愛につけ込んで彼を利用したあげく、愚かにもそのサメを死なせてしまったところで、両者の対立は決定的となる。

　本作は必ずしも、環境テロリストめいた手段に訴え出た主人公の行いを、肯定的には描いていない。特にクライマックスで彼に訪れた悲壮感の漂う結末と、その場に居合わせた人々が虚しげに呟くラストの台詞。その二つが主人公の行いを明確に否定している。その一方で、決してサメを虐待せず丁重に扱うという約束を平然と破った上に、開き直って逆上し始める科学者とビジネスマンの姿はあまりに醜く、凶行に走った主人公に感情移入せざるを得ないほど身勝手だ。その辺りのバランス感覚と、なんとも寂しい余韻を残す締めくくりが見所のサメ映画である。

　あの『ジョーズ』とは根本的にテイストが異なり、『チコと鮫』や『ザ・シャーク』ともまったく違った方向性の、陰鬱なドラマ性が面白い一本だ。虚無的な物語がお好みならば、ぜひとも鑑賞していただきたい。

DATA

原題・別題
¡Tintorera!／TIGER
SHARK／TINTORERA:
KILLER SHARK

製作国
イギリス／メキシコ

87分／117分／126分／
COLOR

監督
ルネ・カルドナ・Jr.

原案
ラモン・ブラボー

製作
ルネ・カルドナ・Jr.

脚本
ルネ・カルドナ・Jr.

撮影
ラモン・ブラボー／レオ
ン・サンチェス

音楽
ベイジル・ポールドゥリス

出演
スーザン・ジョージ／
ヒューゴ・スティグリッツ
／アンドレス・ガルシア／
フィオナ・ルイス

SHARK LEVEL

恐怖度
★

オススメ度
★★

トンデモ度
★★

リラクゼーション・シャーク・ムービー

タイガーシャーク

STORY

　メキシコの島を訪れたスティーブンは、酒と女にスポーツ、パーティー、そして南国の青い海を思う存分堪能していた。特にセックスとマリンレジャーに耽っていた彼は、そのうちミゲルという浅黒い肌の男と知り合う。

　初対面時こそ女を巡って争いながらも、すぐさま両者は和解して意気投合。また美貌のイギリス人観光客ガブリエラを迎え入れ「嫉妬しない」「熱愛しない」「女はガブリエラ一人に留める」というルールの下、3人は享楽的な共同生活を営むこととなる。

　すべてがうまくいっているかに見えたが、ある日サメ狩りを行っていたミゲルが、1匹の"ティントレラ"すなわちイタチザメに襲われ命を落としてからというもの事態は一変。あまりの出来事に取り乱したガブリエラは帰国、かけがえのない友を失ったスティーブンは、ティントレラに対し並々ならぬ憎しみを抱く。

　その後もたびたびビーチで犠牲者を出す人食いザメと、スティーブンは戦う覚悟を決めるが……。

解説

　海洋学者のラモン・ブラボーが執筆した同名の小説を基に、イギリスとメキシコが合同で製作、本家『ジョーズ』に便乗するような形で公開したサメ映画がこの『タイガーシャーク』だ。『チコと鮫』などと同じく撮影に本物のサメを用いている点が特徴だが、ランニングタイムの大部分が若い男女のラブ・ロマンスで占められており、サメの存在は後半までほとんど添え物に近いため、そのこだわりが効果的に作用しているとは言い難い。とにもかくにも本作はある種のカルト映画として、今もなおファンの間で語り継

がれている一本である。ただし、やや含みのあるニュアンスで。

　監督、製作、脚本はルネ・カルドナ・Jr.。主に監督、俳優として、60年代から映画業界で活躍してきた彼は、しばしば映像製作のため動物に虐待じみた扱いをすることで知られている。この『タイガーシャーク』においてもそれは例外ではなく、作中では本物のサメが幾度となく銛で突かれ、銃で撃たれ、棒で頭を叩き割られてはなぶり殺されている。すでに鬼籍に入った監督が、遡ること70年代に撮影した作品に対し、今更その倫理観や製作方針の是非を問うものではないが、あくまで本作の特徴としてその旨を書き記しておく。

　ほかにはスーザン・ジョージがヒロインとして登場。『わらの犬』(1971)が代表作の女優で、配偶者のサイモン・マッコーキンデールが後年『ジョーズ3』に出演している。

　さて繰り返しになるが本作、主人公がときたまサメ狩りにいそしむことはあれど、メインプロットはおおむね男女の三角関係によって成り立っている。よって本家『ジョーズ』あるいはその系統のパニック映画めいた作品を求めて鑑賞すると当てが外れることとなるだろう。まるでサメが活躍しないというわけではなく、サメに襲われた犠牲者の胴体が真っ二つにされるなどむしろ極めてパニック映画らしいシーンも少ないながらに存在するのだが、本質的にはドラマ性に比重を置いた、ゆったりしたテンポの作品であるという点は断っておく。南国の美しい風景と、遊び盛りの若者がただただリゾート地を満喫する様を併せた、リラクゼーション・ムービーめいた空気感が本作の見所だ。

　血沸き肉躍る興奮とは無縁の、良く言えば和やかな、悪く言えば退屈なサメ映画であるだろう。

DATA

原題・別題
JAWS2

製作国
アメリカ

116分／COLOR

監督
ヤノット・シュワルツ

製作
リチャード・D・ザナック
／デヴィッド・ブラウン

脚本
カール・ゴットリーブ／ハ
ワード・サックラー

撮影
マイケル・C・バトラー

音楽
ジョン・ウィリアムズ

出演
ロイ・シャイダー／ロレイ
ン・ゲイリー／マーレイ・
ハミルトン／ジョセフ・マ
スコロ／ジェフリー・ク
レーマー／アン・デュッセ
ンベリー

SHARK LEVEL

恐怖度
★★

オススメ度
★★★

トンデモ度
★★

『ジョーズ2』
Blu-ray&DVD 発売中
発売元：NBCユニバーサ
ル・エンターテイメント

1978年

本家『ジョーズ』の再来

ジョーズ2

STORY

　ブロディとフーパーが人食いザメを仕留めてから、3年の月日が流れた。ようやく観光地として息を吹き返したアミティ島にはリゾートホテルがオープン。あの血みどろの大海原から生還したブロディもまた、今は家族と共に穏やかな日々を過ごしていた。

　ところが、あの日海の底に沈んだオルカ号の残骸近くで、ダイバー2名が潜水中に失踪。さらには水上スキー中に謎の事故死を遂げたという若い女の遺体や、なんらかの巨大生物に食い殺されたと思しきシャチの亡骸が、アミティ島の浜辺で立て続けに発見される。

　新たな人食いザメの襲来を悟ったブロディは、再びビーチの閉鎖を市長に進言。だがホホジロザメを恐れるあまり強迫観念に駆られた彼は、アジの群れをサメと誤認し大立ち回りを演じてしまったがゆえに立場を失うことに。頼みの綱のフーパーは調査活動のために南極に長期滞在中であり、ついにブロディは孤立無援の戦いを強いられる。

　同じ頃、ブロディの子マイクとショーンが、父に黙ってこっそり海まで遊びに出てしまい……。

解説

　かの偉大なる『ジョーズ』の続編として製作されたサメ映画が、この『ジョーズ2』だ。実はヒットした話題作をすぐさまシリーズ化して客を呼び込むという今の流れは、70年代には定着し切ってはおらず、猿の惑星シリーズを含むいくつかの先例こそあれど、いわゆる続き物の製作はまだまだ商業的に成否の読めない行いとして見られていたとのこと。しかし本作の興行的成功をきっかけに、その後ビッグタイトルの続編が数多く作られるようになったと、

製作陣はインタビューで語っている。

　スティーブン・スピルバーグの後任として白羽の矢が
立った監督は、ジュノー・シュウォーク。日本国内ではヤ
ノット・シュワルツの表記でも知られている人物だ。代表
作には本作と『ある日どこかで』(1980)、『スーパーガール』
(1984) に『サンタクロース』(1985) が挙げられる。

　ボーン市長役は前作同様にマーレイ・ハミルトン。彼は
製作時、折悪しくガンの疑いが持たれた妻の検査に付き添
うべく、メインキャストとしての責務を放棄してでも
ニューヨークに戻ることを望んだという。そのためマーレ
イの心境を慮った製作陣は、わずか2日間で彼が出るシー
ンのすべてを優先的に撮影した。ちなみに製作のデヴィッ
ド・ブラウンいわく、その後の検査でマーレイの妻は健康
体だと判明したとのことだ。

　なお本作のために作り直されたサメの模型は、外観にこ
そ前作の "ブルース" と同じ型を使いつつも電気系統を一
新し、より優れた機能と信頼性を獲得するに至った。

　本作は水中撮影に安定して耐えうる性能を得たサメの模
型と、ほかならぬヤノット・シュワルツの意向から、サメ

が画面上に、直接的に映るシーンの数が前作よりはるかに増している。初代『ジョーズ』での評価点を踏まえてか、なるべくサメは出さない方がいいとする声も上がったとのことだが、その手の演出技法は前作がすでにやり切っているという監督の判断から、本作ではよりシンプルかつストレートにサメが暴れるシーンが意図的に複数回盛り込まれている。ただ単に登場回数が増加したのみならず、モーターボートを爆発四散せしめ、ヘリコプターに食らいついては海中に引きずり込まんとする、顔の右半分に黒い火傷痕を負った人食いザメの活躍は空想的で、まさにサメ映画の大怪獣そのもの。初代『ジョーズ』があくまでアニマル・パニック物に徹しつつ人食いザメの恐怖を描いたサメ映画だとするならば、『ジョーズ2』はモンスター・パニック物の系譜に連なる外連味を特徴としている。

　脚本面は少々前作の焼き直しめいており、またしてもサメの襲来を疑う市長がブロディの訴えを退ける流れが展開されている。さすがにその既視感までは拭えないものの、初代『ジョーズ』ではクライマックスまで周りのプロフェッショナルに頼り切りでいたあのブロディが、自ら単独でサメを仕留めに動くくだりからは、前作での積み重ねからなる精神性の変化が感じられて趣深い。ただしメインキャストを除いた脇役の面々、特にマイクとショーンやその2人がつるんでいた学生グループの少年少女らについては、いささか没個性的でいまひとつ味気ないキャラクター性に留まっていたが。

　初代『ジョーズ』より視覚的に派手でわかりやすく、大衆娯楽的訴求力を高めた一本だ。老若男女からの圧倒的支持を誇る一作目の完成度には遠く及ばないにせよ、その重圧の中で、二作目として及第点を上回る出来栄えは備えている。

『チコと鮫』のリメイク作品

少年と鮫

● STORY

　南太平洋ボラボラ島の深海には、伝説の黒真珠が眠っているという。その地で大自然と共に暮らしていたティコヨ少年は、長らく黒真珠と美しい海を見守ってきたマニデュ老の下で素潜りに励んでいた。穏やかな日々が続く中、ティコヨはふと海で巡り合わせた真珠商の孫娘ダイアナを、1匹の人食いザメから救うこととなる。また、その人食いザメが死の淵で産み落とした子ザメに懐かれてしまったティコヨは、母ザメに代わって面倒を見ることを決意。思わぬ縁で繋がったティコヨ、ダイアナ、子ザメの3者は友情を育んでいく。

　しかし、やがてダイアナは帰国。時を同じくして病に蝕まれていたマニデュ老は、死者の霊魂がサメに宿るという言い伝えを信じ、自らその身を海に沈める。その後、子ザメに"マニデュ"の名を与えたティコヨは、マニデュ老の思いを受け継ぎ、一人前の青年に成長していった。

　それから時は移ろい、久方ぶりに戻ってきたダイアナと再会したティコヨ。だが喜びも束の間、彼女と共に島を訪れた真珠商の者が、あの黒真珠を狙ってティコヨを襲う。そしてマニデュが、まるでマニデュ老の魂を宿したかのように動き出し……。

● 解説

　『チコと鮫』のリメイク作品として知られているサメ映画が、この『少年と鮫』だ。『チコと鮫』は2018年に待望のDVD化を果たしたが、本作は80年代末にVHS化されたきり、少なくとも日本国内ではその後2020年現在に至るまで復刻されていないため、今や『少年と鮫』の方が幻のサメ映画と化している。

DATA

原題・別題
BEYOND THE REEF／SEA KILLER／SHARK BOY OF BORA BORA

製作国
アメリカ
90分／COLOR

監督
フランク・C・クラーク

原案
クレメント・リッチャー

製作
ラファエラ・デ・ラウレンティス

脚本
ルイス・ラ・ルッシ・Jr.／ジム・カラバトソス

撮影
サム・マーティン

音楽
フランシス・レイ

出演
デイトン・ケイン／マレン・ジェンセン／オルベリオ・マシェル・ディアス

SHARK LEVEL

恐怖度
★

オススメ度
★★

トンデモ度
★★★

製作はラファエラ・デ・ラウレンティス。彼女はイタリア出身の大御所映画プロデューサー、『キングコング』(1976)などで知られるディノ・デ・ラウレンティスの次女であり、本作が初プロデュース作品である。ほかにはコナン・ザ・グレートシリーズや『デューン 砂の惑星』(1984)、バックドラフトシリーズなどをプロデュースしている。

　さて本作は『チコと鮫』のリメイク作品ながらも、その方向性はオリジナルから大きく変わっている。

　まず主人公の内面と南国の因習に関する描写が徹底的に省かれており、メインプロットはあくまでティコヨとダイアナとの出会いと別れ、そして再会からのラブ・ロマンスに焦点を絞っている。『チコと鮫』で1時間近くの尺を割いていた前編の幼年期はダイジェストで20分と少しに抑えられ、その分本編のおよそ三分の二が青年期に充てられている。オリジナルの現代文明に対する批判的な姿勢はなりを潜め、サメの扱いも少々ぞんざいで出番が減らされており、全体的にごくありふれたラブ・ストーリーとしてまとめられている。その分、話運びの面ではいくらかすっきりはしているものの、その他の点は月並みで、あまり印象に残るものではない。

　強いて言うならば、オリジナルに倣って本物のサメを撮影に使用している点からのみ、かろうじてリスペクト精神を感じられるだろう。

　総評としては一山いくらの恋愛劇である。ただし没個性的なりにまずまずの出来栄えは保たれているため、あえて罵声を浴びせるほどではないだろう。

仄暗い海の底から

ジュラシック・ジョーズ

DATA

原題・別題
UP FROM THE DEPTHS

製作国
アメリカ／フィリピン
85分／COLOR

監督
チャールズ・B・グリフィス

製作総指揮
ロジャー・コーマン／
ジャック・アチエンザ

製作
シリオ・H・サンチャゴ

脚本
アルフレッド・スウィーニー
／アン・ダイアー

撮影
リカルド・レミアス

音楽
ジェームズ・ホーナー

出演
サム・ボトムズ／スザンヌ・
リード／ヴァージル・フラ
イ／ケドリック・ウルフ／
チャールズ・ハワートン

SHARK LEVEL

恐怖度
★

オススメ度
★★

トンデモ度
★★★

STORY

　ハワイ・マウイ島のリゾート地。その近辺では、このところ観光客や地元民が立て続けに失踪していた。実は先日の海底地震の影響で、密かに海底から浮上してきた太古の深海魚が人々を襲っていたのだ。

　たまたまダイビング中にその深海魚と遭遇してしまった、はみ出し者のグレッグ。辛くもその場を切り抜けた彼は、リゾートホテルを経営するオーナーにビーチの閉鎖を訴えるものの、頭の固いオーナーは聞く耳を持たず隠蔽。その結果、深海魚がもたらす被害はいつしか甚大なものとなっていた。グレッグは、恋人のレイチェルや相棒のアール、海洋生物学者のデイビッドと協力して、深海魚の退治に乗り出すが……。

解説

　70年代にアメリカとフィリピンが合作したサメ映画が、この『ジュラシック・ジョーズ』だ。本作に登場するサメは、あくまで未知の深海魚という扱いである。そのため厳密にはサメ映画だとは言えないかもしれないが、邦題を見ての通り日本国内ではサメ映画として堂々と売り出されてしまった点や、本作の深海魚がネコザメもしくはサカタザメをベースにしたデザインに見えなくもない点を加味し、本書ではサメ映画として取り扱わせていただきたい。

　監督のチャールズ・B・グリフィスは本作に対して、あまり好意的な感情を抱いてはいなかったようだ。本職ですらない素人の書いた脚本を無責任に押しつけられた上、見るからにはりぼてだとわかる深海魚の模型製作を強いられていた現場の士気は壊滅的。そこで彼は急遽、本作をアクション物からコメディ物に路線変更したのだという。

製作総指揮は人呼んで "B級映画の帝王" ロジャー・コー
マン。低予算早撮りの映画をひたすら製作し続けることで
時流に乗って利益を上げ、富と名声を勝ち取った。良くも
悪くも娯楽産業の商業主義を体現したかのような人物だ。
彼の下では多くの人材が使い捨てられていった一方、そこ
でキャリアを得た無名の俳優がスターとして世に出る足掛
かりになってもいたため、その功罪は一概には言えない。

　本作の音楽は下積み時代のジェームズ・ホーナーが担
当。のちに彼は『タイタニック』(1997) や『アバター』(2009)
などの数々の大作に名曲を提供することとなる。

　主演はティモシー・ボトムズの弟サム・ボトムズ。『地獄
の黙示録』(1979) で元サーファーのランスを演じた俳優だ。

　さて本作だが、率直に言っておよそまともに見られた代
物ではない。サメなどそっちのけで観光客と地元民の掛け
合いを軸にした展開。またしても本家『ジョーズ』の模倣
めいたストーリーライン。画面上で何が起こっているのか
まるでわからない、ぶつ切りの海中ショット。急遽コメ
ディ物に舵を切りなかば開き直った後半からはまだ楽しめ
なくもないが、前半のとことん間延びした内容はただただ
倦怠感を誘うばかりだ。

　しかし特筆すべき点がないわけでもない。例えば、主人
公をよそに後半からとてつもない存在感を放ち始める、ゲ
ストキャラクターの "スズキさん"。片言の日本語を話
し、ふんどし一丁のいでたちで、むやみやたらと日本刀を
振り回しながらサメに挑むという、エキセントリックな彼
の振る舞いは必見だ。

　また、クライマックスでサメに襲われ深手を負い、「私
の死体を海に捨てないでくれ」などといやに具体的な遺言
を残して息絶えた海洋生物学者を、その死後すぐさまサメ
をおびき寄せる餌代わりに利用し始める主人公の冷酷さ、
倫理観の乏しさも面白い。

　とはいえ、やはりよほどの物好きにしか薦められないサ
メ映画である。うかつに手を出したが最後、サメより先に
あなたの気分の方が深く沈むこととなるだろう。

"山のジョーズ"について

　初代『ジョーズ』のエピゴーネンに過ぎないアニマル・パニック物は数多く存在するが、その先駆けはウィリアム・ガードラー監督作『グリズリー』(1976) というクマ映画である。

　『ジョーズ』の公開翌年にそのプロットを模倣しつつも舞台設定を海から山に置換した恥知らずの本編に、露出度の高い女性と残酷表現、そして本物のクマの映像というフックを上乗せした本作。特に前半のクマの視点からのショットと、主要人物の配置、そして中盤でヘリコプターのパイロットがインディアンのエピソードを語るくだりと、『ジョーズ』でクイント船長が大戦中の巡洋艦インディアナポリス号のエピソードを語るくだりの類似性がしばしば指摘されており、あまりの二番煎じぶりから"山のジョーズ"という俗称で親しまれている一本だ。

　が、『ジョーズ』の勢いに乗った本作は公開時に大ヒット。志の低さは腹立たしいが、それはさておきっちり要点を『ジョーズ』に倣っている分、その面白さは及第点に達している。悲鳴と鮮血が飛び交うクマの襲撃シーンはやや安易ながらも視覚的に見応え十分。ロケットランチャーでクマを爆殺するクライマックスは必見だ。

　クマ映画ながらもサメ映画との繋がりが深い本作をこの機に薦めておきたい。

SHARK 2
1981-1990

1981年

イタリアン・ジョーズ

ジョーズ・リターンズ

原題・別題
THE LAST SHARK／
THE GREAT WHITE／
L'ULTIMO SQUALO／最
後のジョーズ アメリカ東
海岸を最大の恐怖が襲う
製作国
イタリア
88分／COLOR
監督
エンツォ・G・カステラッリ
原案
ウーゴ・トゥッチ
製作総指揮
エドワード・L・モントロ
製作
ウーゴ・トゥッチ／マウリ
ツィオ・アマティ
脚本
マーク・プリンチ
撮影
アルベルト・スパニョーリ
音楽
グイド・デ・アンジェリス
／マウリツィオ・デ・アン
ジェリス
出演
ジェームズ・フランシスカ
ス／ヴィク・モロー／ステ
ファニア・ジロラミ／ミッ
キー・ピナテッリ／ジョ
シュア・シンクレア／トー
マス・ムーア／ジャンカル
ロ・プレト
SHARK LEVEL
恐怖度
★
オススメ度
★★★
トンデモ度
★★

STORY

　アメリカ合衆国ジョージア州サウスベイの沖合で、サー
フィンを楽しんでいた若者が行方不明になる事件が発生。
作家のピーターと漁師のロンは、近くで見つかったサーフ
ボードの残骸から、それが極めて恐ろしいホホジロザメの仕
業だと断定する。だが、間の悪いことに同時期のサウスベイ
では、年中行事であるボートセーリング大会の開催が予定さ
れていた。

　大会の中止を進言するピーターに対し、市長は対策措置
を講じた上での開催を強行。そして迎えた当日、サメは会場
に現れ参加者を貪り食うと、サウスベイに甚大な被害をもた
らしてしまった。あまりの出来事にピーターは、ロンと手を
組んでサメの駆除に乗り出すが……。

解説

　70-90年代のイタリアからは、映画史に残る数多くの名作
が生まれ出たと同時に、話題沸騰中の大作に便乗した、いわ
ば二番煎じじみた作品も相当数生み出されていた。この
『ジョーズ・リターンズ』もそうした亜流のひとつであり、そ
してあまりに本家『ジョーズ』に似ているという理由から裁
判沙汰に発展し、アメリカではわずか1ヶ月で劇場公開中止
の処置を下されたいわくつきのサメ映画である。もっとも、
そのアメリカでの興行収入はおよそ1800万ドルと良好で、
短期間の上映ながら商業的には十分成功と言っていいだけの
成績を叩き出してしまったようだが。

　監督のエンツォ・G・カステラッリは、日本において俗に
"マカロニ・ウエスタン"と呼ばれる類いの、単純娯楽作品
を好んで製作してきた人物。中でも彼が手掛けた『地獄のバ
スターズ』(1978) は、クエンティン・タランティーノ監督作品

『イングロリアス・バスターズ』(2009) のインスパイア元と
なったことで世に知られている。

　本作はまさに"ジョーズの再来"、というより本家『ジョー
ズ』をほぼそのまま焼き直した箇所が相当数見受けられる。
海辺でのイベントを強行した結果、やはり大惨事を招いてし
まう市長の存在。サメに詳しく腕の立つ、どこかクイント船
長に似た風貌と役回りの漁師。本家『ジョーズ』とは微妙に
異なり、樽の代わりにブイを携えて潜航するサメ。主人公
の"ピーター"という名は、原作『ジョーズ』の著者である
ピーター・ベンチリーから取ったものか、はたまた偶然か。
どちらにせよ本作には、あまりにも本家『ジョーズ』と重な
る点が多い。

　本物のサメのフッテージとサメの模型を組み合わせた襲撃
シーンもお粗末なもの。とはいえ自前で模型を用意して、後
半からはがっつり大きなサメの頭部を画面に映している点に
ついては好印象だ。特に後半の、海面に顔を突き出したサメ
をヘリコプターで上空から俯瞰して撮った、ごく数秒の
ショット。その構図は本家『ジョーズ』では見られなかった
ものであり、瞬間的ながらそれなりに印象深い。またサメの
出現時に流れる、やけにおどろおどろしいBGMや、ときた
ま挿入される強めの残酷表現についても、それはそれでまっ
とうに評価されてしかるべきだ。

　なお本作も数多くの例に倣って、クライマックスでは火薬
を飲み込んだサメが盛大に爆死する。ただしその際、起爆
装置を手にした主人公が、まったく無意味にスローモーショ
ンで海にダイブしながら爆弾を点火するため、ついにサメを
倒したというカタルシスより、その一連のシークエンスの意
味不明さの方が上回る。このどこか間の抜けた演出面には、
さすがに苦笑いせざるを得ない。

　ほとんど本家『ジョーズ』のデッドコピーとしか言いよう
のないサメ映画だが、それゆえにまずまず見られてしまう側
面もある。公開当時、批評家はともかく一般客からは高い支
持を得ていたというのも頷けよう。あえて言うなら「褒めら
れないが、楽しめる」タイプの一本だ。

飛び出す3D『ジョーズ』展

ジョーズ3

STORY

　アメリカ合衆国フロリダ州では"海底王国"というガラス張りの水中トンネルを備えた水族館シーワールドが、その開園日を間近に控えていた。

　前作までの主人公ブロディの息子マイクはアミティ島を出てからはシーワールドのエンジニアとして、海洋生物学者のキャスリンと共に働いていた。ある日マイクはたまたま園内に迷い込んできた1匹のホホジロザメを発見する。かろうじて生け捕りには成功したものの、目先の欲に駆られた館長が水族館のオープン初日に、見世物として雑に扱ってしまったため、哀れサメは瞬く間に衰弱死。あまりの所業に憤慨するマイクとキャスリンだが、同じ頃、園内では別の巨大生物の影が見え隠れしていた。

　実はマイクとキャスリンが捕らえたホホジロザメは子ザメに過ぎず、体長10メートルに上る母ザメが、シーワールドの周りで人を襲っていたのだ。

　海底王国に侵入した人食いザメは散々暴れ回った末に水中トンネルを破壊。大勢の来館者が閉じ込められてしまった上に、我が子を失った母ザメがマイクとキャスリンに迫り来る……。

解説

　その製作時、映画業界で改めて注目を集めていた3D技術がふんだんに盛り込まれたサメ映画が、この『ジョーズ3』だ。

　一作目と二作目で製作を務めたリチャード・D・ザナックとデヴィッド・ブラウンいわく、元々『ジョーズ3』はシリアス・ホラー路線から一転した過去作のパロディ物として構想を練っていたとのこと。しかしながらその案はビッ

DATA

原題・別題
JAWS3／JAWS 3-D

製作国
アメリカ

98分／COLOR

監督
ジョー・アルヴス

原案
ガードン・トゥルーブラッド

製作総指揮
アラン・ランズバーグ／
ハワード・リップストーン

製作
ルパート・ヒッツィグ

脚本
カール・ゴットリーブ／リチャード・マシスン／マイケル・ケイン

撮影
ジェームズ・A・コントナー

音楽
アラン・パーカー

出演
デニス・クエイド／ベス・アームストロング／サイモン・マッコーキンデール／ルイス・ゴセット・Jr.／ジョン・パッチ／リー・トンプソン

SHARK LEVEL

恐怖度
★

オススメ度
★★

トンデモ度
★★★

『ジョーズ3』Blu-ray&DVD 発売中
発売元：NBCユニバーサル・エンターテイメント

グタイトルの名を汚すとして却下され、そして本作が生ま
れた。だがその思いに反して1984年の第4回ゴールデンラ
ズベリー賞では、よりによって本作が最低作品賞、最低助
演男優賞、最低監督賞、最低脚本賞、最低新人賞の5部門
にそれぞれノミネートされることとなる。

　監督は本作が初監督作品となるジョー・アルヴス。彼は
元々、初代『ジョーズ』と『ジョーズ2』で美術監督を務め
ていた人物だ。

　共同脚本には『激突！』(1971)や『ある日どこかで』(1980)
の脚本と原案を務め、『地球最後の男』(1964)や『リアル・
スティール』(2011)の原作小説を執筆した大御所、リ
チャード・マシスンの名がクレジットされている。しか
し、監督と製作元の意向で手が加えられた決定稿と本作の
出来栄えに彼は苦言を呈している。

過去作のメインキャストは軒並み未出演。ブロディ家の長男マイクは、前作のマーク・グラナーに代わってデニス・クエイドが演じている。

　その他、作中の水族館に登場するイルカのシンディとサンディが、第4回ゴールデンラズベリー賞の最低新人賞にノミネートされた。

　なにより本作の主人公マイクの、およそ主役らしからぬ活躍の乏しさがネックだろう。クライマックスを除くと、作中マイクはひたすらガールフレンドとのラブ・ロマンスに没頭するか、ただサメの引き起こした大惨事の後手に回るばかりで、基本的には"サメ映画"としての展開の最前線から一歩引いた立ち位置にいる。少なくとも作劇的には、かつてのブロディほど物語の中心近くで動けていない。対する人食いザメもまた、後半に入るまで一向にメインプロットに関わろうとせず、話の合間に端役を襲ってはお茶を濁している始末。そこに過去作のようなカタルシスは生まれようもない。

　3D映画として製作されているがゆえに、山場にはやたらと画面奥から手前に向かって被写体が接近してくるショットが目立つ、その演出面もどこか一本調子だ。ただし後半で水上スキーヤーが大混乱に陥るシーンや、人食いザメに飲み込まれた犠牲者が口腔内でもがく様を映したシーンなどは、少々非現実的ながらもサメ映画らしい正統派のシチュエーションとして練られてはいる。

　過去作に比べると、総じて大幅にグレードを落とした一本だ。ゴールデンラズベリー賞絡みのエピソードを織り交ぜた笑い話の中でのみ、本作の価値はかろうじて成立することだろう。

DATA

原題・別題
MONSTER SHARK／SHARK ROSSO NELL'OCEANO／DEVIL FISH／DEVOURING WAVES／RED OCEAN／ジョーズ・アタック2

製作国
イタリア／フランス／アメリカ

90分／COLOR

監督
ジョン・M・オールドJr.

原案
ルイス・コーテス

編集
ボブ・ホエーラー

撮影
ジョン・マック・ファーランド

音楽
アンソニー・バリュモア

出演
マイケル・ソブキウ／ヴァレンタイン・モンニアー／ジョン・ガルゴ／ウィリアム・バーガー

SHARK LEVEL

恐怖度
★

オススメ度
★★

トンデモ度
★★★

1984年

トンデモ系サメ映画のパイオニア

死神ジョーズ 戦慄の血しぶき

STORY

　遥かなるカリブ海の島で、謎の巨大生物が人を襲う事件が発生。その犠牲者の遺体に残された噛み傷は、サメとは明らかに異なっていた。不審に思った海洋学者のボブとステラは、機械修理業者のピーターと共に調査を開始。島の近くに潜伏していると思しき巨大生物を追い求める。

　しかし、ついに判明した巨大生物の正体は、サメの顎とタコの足を備えた前代未聞の生物兵器だった。さらにはその生物兵器を作り上げたマッドサイエンティストと、彼が雇った刺客が、新たな脅威として一同に忍び寄り……。

解説

　DVD版では『ジョーズ・アタック2』と題されているが、その実本作は『ジョーズ・アタック』とはまったく無関係である上に、その『ジョーズ・アタック』の4年前に公開されているため、ナンバリングがあべこべになってしまっているサメ映画が、この『死神ジョーズ 戦慄の血しぶき』だ。

　監督はジョン・M・オールドJr.。ただしその名は変名で、彼の本名はランベルト・バーヴァという。イタリアでホラー映画の黄金時代を築いたマリオ・バーヴァの息子で、特に『デモンズ』(1985) 並びに『デモンズ2』(1986) の監督として知られている。ちなみにそのマリオ・バーヴァ自身も "ジョン・M・オールド" という変名をときたま用いていた。

　さて本作は、実におぞましい生物兵器がカリブ海で暴れるパニック映画としてのプロットと、その生物兵器を巡る科学者の陰謀を追うクライム映画としてのプロットを併せ持っている。加えて複数人のキャラクターが各個で独立し

た物語を展開する、群像劇の性質まで兼ね備えた作品だ。

　しかしその分ストーリーラインが散漫で、しばしばキャラクターの視点が切り替わって乱雑な上に、本筋から外れた枝葉末節ばかりを掘り下げている。例えば殺し屋が、自殺に見せかけて若い女を始末したというサブプロットを、肝心の死神ジョーズに割くべき尺を削ってまで丹念に描いてしまっているのだ。

　サメの顎とタコの足を持つ死神ジョーズの立体化は難しかったのか、海底を潜航するぼやけたシルエットという形でしか、その生物兵器の全身が見えないというのも物足りない。

　サメの襲撃シーンも、サメの顎と人が死んでいる様を別々のショットで映すことが多く緊迫感には乏しい。ただし、ときおり画面上に映るタコの足の出来栄えと、細かな残酷描写は悪くない。

　一方で本作は今に続くトンデモ系サメ映画の、いわばパイオニア的作品である点は見逃せない。遺伝子操作でイルカに匹敵する知能を獲得した上、細胞の断片から驚異的な再生力で分身が増殖していくという死神ジョーズの設定には、怪獣特撮じみた外連味があって面白い。もっとも、その生物兵器を警官隊がいとも容易く焼き殺してしまうクライマックスは、さすがにいまひとつ盛り上がりに欠けていたが。

　なお本作はのちに"B級映画の帝王"ロジャー・コーマンの手で、『シャークトパス』としてリメイクされている。

DATA

原題・別題
JAWS: THE REVENGE
／ジョーズ4 復讐篇

製作国
アメリカ
91分／COLOR

監督
ジョセフ・サージェント

製作総指揮
アラン・ランズバーグ／
ハワード・リップストーン

製作
ジョセフ・サージェント

脚本
マイケル・デ・ガズマン

撮影
ジョン・マクファーソン

音楽
マイケル・スモール

出演
ロレイン・ゲイリー／マイ
ケル・ケイン／ランス・ゲ
スト／マリオ・ヴァン・ピー
ブルズ／カレン・ヤング

SHARK LEVEL

恐怖度
★

オススメ度
★★

トンデモ度
★★★

『ジョーズ4/復讐篇』
Blu-ray&DVD 発売中
発売元：NBCユニバーサ
ル・エンターテイメント

| 1987年 |

ジョーズ FINAL WARS

ジョーズ'87 復讐篇

STORY

　今は亡き父マーティン・ブロディの跡を継ぎ、故郷でア
ミティ警察に勤めていたブロディ家の次男ショーン。ある
日、夜の海に出たショーンは、まるで彼を待ち構えていた
かのごとく現れた巨大ザメの襲撃に遭い、筆舌に尽くし難
い苦痛と恐怖の中で絶命する。

　近々結婚を控えていたショーンの死に、深い喪失感を抱
く母エレン。彼女を慮った長男マイクとその妻子は、彼女
をアミティ島から、自らが住むバハマに連れ出す。だが
ショーンを殺した人食いザメは、オカルトめいた追跡力で
エレンとマイクの居場所を把握し、同じくバハマに襲来。
ほかの獲物には脇目も振らず、ただ執拗にブロディ家の血
統のみを標的として破壊活動を開始する。

　対するエレンもまた超感覚でサメの接近を把握。代々ブロ
ディ家の宿敵として立ちはだかるホホジロザメとの決着を望
む彼女は、単身ヨットを駆りバハマの海に乗り出すが……。

解説

　1987年の第8回ゴールデンラズベリー賞では『ジョーズ
3』を上回る7部門にノミネートされ、そのうち最低視覚効
果賞を受賞したサメ映画が、この『ジョーズ'87 復讐篇』
だ。2020年時点では、本作がいわゆるジョーズシリーズの
最終作となっている。

　監督はジョセフ・サージェント。主にテレビ映画とテレ
ビドラマシリーズの世界で、長きに渡って監督業を続けて
きた人物だ。

　メインキャストには一作目と二作目でマーティン・ブロ
ディの妻を演じたロレイン・ゲイリーが復帰。

　また『アルフィー』(1966)やハリー・パーマーシリーズの

ほか、のちのダークナイト三部作で執事のアルフレッド役を務めたマイケル・ケインが出演している。

そしてブロディ家の長男マイク役は、前作のデニス・クエイドに代わってランス・ゲストに三度キャスティングが変更されることとなった。

かの"ジョーズ"の名を冠しておきながら、とにもかくにも支離滅裂だとしか評しようのない作品である。

ブロディ家と因縁を持つ人食いザメが報復に現れ、その血族の者をピンポイントで襲撃するというストーリーもさることながら、未亡人のエレンが知らぬ間に体得していた第六感で人食いザメの強襲を察知するくだりは、もはや悪い冗談のよう。冒頭でアメリカ合衆国東海岸に位置するアミティ島に出現したサメが、その後わざわざバハマまでブロディ家を追ってくるという展開は荒唐無稽であり、かつ過去作で果敢にサメと戦ったマーティン・ブロディが、『ジョーズ3』の出来事を人伝てに聞き心臓発作を起こして死亡したという設定も釈然としない。そもそも前作ではエンジニアとして働いていたマイクが、なぜか本作では科学者として巻貝に没頭しており、あれほど熱愛していた恋人

のキャスリンとは破局したのか、本作ではカーラなる芸術家を妻に迎えた上で5歳の娘までもうけている点も不可解だ。そうでなくともサメなど蚊帳の外で繰り広げられるラブ・ロマンスで本編の前半部分が占められているのはいただけない。

　ただし、初代『ジョーズ』の幼いショーンが父マーティンの仕草を真似るくだりを、息子のマイクと孫娘のテアでリフレインしたシーンはそれなりに感慨深い。

　前作同様"ジョーズ"の名を冠するには分不相応な出来栄えの一本だ。しかしその度を越したいびつさは、かえってジョーズシリーズとは別物として切り離せる分、本作を楽しむのに役立っているかもしれない。

　ちなみに本作には大別して二通りの結末が存在する。ひとつは、エレンに折れたマストを突き刺されたサメが、そのまま苦しみもがいて息絶えるオリジナル版。あまり知られていないようだが、本作のBlu-rayを再生する際に言語を"英語"に設定すると、トップメニューに"映像特典"を表す項目が出現し、このオリジナル版のエンディングが鑑賞できるようになる。"日本語"設定でソフトを再生した場合、まずメニュー上に"映像特典"の項目自体が現れない仕様のため注意しよう。

　もうひとつはマストで突き刺されたサメが、突如として謎の大爆発を起こし飛散する修正版。が、修正版とは言いながら総じて安っぽく、初代『ジョーズ』から海底に沈むサメのショットを堂々と流用している有様。またオリジナル版と修正版では、ジェイクというサブキャラクターの生死がまったく異なっている。

　その他、これら二つのエンディングを再編集して組み合わせたテレビ放映版などのささやかなバージョン違いが存在する。

『ジョーズ・アタック2』とは無関係のサメ映画

死海からの脱出

DATA

原題・別題
NIGHT OF THE SHAR
KS／LA NOTTE DEGLI
SQUALI／ジョーズ・ア
タック

製作国
イタリア／スペイン／メキ
シコ

87分／COLOR

監督
アンソニー・リッチモンド

製作総指揮
アンナ・マリア・セラット

製作
フルヴィオ・ルチサーノ／
ニノ・セグリーニ

脚本
トニーノ・リッチ／ティト・
カルピ

撮影
ジョヴァンニ・ベルガミーニ

音楽
ステルヴィオ・チプリアーニ

出演
トリート・ウィリアムズ／
アントニオ・ファーガス／
ジャネット・アグラン／
ジョン・スタイナー

SHARK LEVEL

恐怖度
★

オススメ度
★★★

トンデモ度
★★

STORY

　悪名高き実業家、ロゼンスキーの命により、長きに渡っ
てホワイトハウスの通信機器を盗聴してきたギャングの
ジェームズ。しかし彼は雇用主を裏切り、ロゼンスキーと
アメリカ合衆国大統領との間で取り交わされた機密情報に
関する通信記録を持ち出し、ギャングを脅迫。200万ドル
相当のダイヤモンドを要求する。話に応じるロゼンスキー
だが、トラブルの末に交渉は決裂。ダイヤモンドと通信記
録のディスクを持ったまま、ジェームズはメキシコに高飛
びするのであった……。

　一方で、メキシコではジェームズの兄デヴィッドが、南の
海で牧歌的な日々を送っていた。ところがそこに、ギャング
から奪ったダイヤモンド及びディスクを携えたジェームズ
と、彼の後を追うヒットマンが介入してきたため、状況は
一変。哀れギャングからの奇襲を受けたジェームズはデ
ヴィッドの目の前で死に、二つの品は彼の手に渡ることと
なった。

　思わぬ抗争に巻き込まれてしまったデヴィッドは、彼の
住む海で伝説的に恐れられている殺人ザメ "サイクロプ
ス" にダイヤモンドとディスクを飲み込ませて秘匿する
と、自らギャングと戦うことを決意する……。

解説

　国内DVD版では『ジョーズ・アタック』なる別題で、再
ソフト化の際『ジョーズ・アタック2』と抱き合わせでリ
リースされてしまったサメ映画が、この『死海からの脱
出』だ。なお『死海からの脱出』とはVHS版の邦題だが、
本作の舞台は主にメキシコであって、死海すなわち中東の
塩湖は登場しない。

監督のアンソニー・リッチモンドは『栄光の戦場』(1969)を監督したテオドロ・リッチの別名義。そのテオドロ・リッチもまた変名で、彼の本名はトニーノ・リッチという。

　主演は、かつて『ヘアー』(1979)でゴールデングローブ賞の候補に挙がったトリート・ウィリアムズ。日本国内で今もなお根強い人気を誇るモンスター・パニック物『ザ・グリード』(1998)の主人公を演じた人物だ。

　本作のメインプロットは、不肖の弟からいわくつきの金品を押しつけられてしまった主人公と、その回収のため強硬手段に出たギャングの対立軸である。ゆえにサメの存在は元々添え物じみており、さほど話に関わってこない。が、その割には模型やフッテージを用いず、撮影に本物のサメを使用するという、あべこべな気合の入れようを見せてはいる。

　ストーリーは序盤の人物関係さえ飲み込めれば概ねシンプルで、ごくありふれたアクション物だ。しかし主人公のデヴィッドを筆頭に、小賢しいアウトローのように振る舞いながらも損得抜きで命を懸けデヴィッドに付き合う相棒のパコや、島で随一の善人だが悪党相手に限り口達者な皮肉屋として対応する相談役のマティア神父など、見ていて気持ちのいいキャラクターが多い。また前半の、海の男の陽気さと渋さに溢れた乱闘シーンや、後半から始まるギャングとの『ランボー』(1982)めいた森林戦など、その見所は決して少なくはない。

　是が非でも見るべきだとは言わないが、たまにはこういった作品もいいのではないだろうか。

スタンド・バイ・シャーク

ディープ・ブラッド
復讐のシャーク

STORY

　夕暮れ時の浜辺にて、年老いたインディアンの話す物語に聞き入っていた、幼き日のミキ、ベン、アラン、ジョン。特に“ワカン”なる海の怪物にまつわる伝説を厳かに語っていたインディアンから、4人はその獣を倒す術が記された矢筒を受け取る。その後、彼らは戦士たちの心をひとつにするという“血の誓い”の儀を行い、固い絆を確かめ合うのであった。

　それから10年後。町を出てそれぞれ模範的に進学していたベンとアランに、自由気ままに遊び暮らしていたミキとジョン。久方ぶりに地元で再会した彼らは、あの日から未だ色褪せぬ永遠の友情を祝して乾杯する。が、それからほどなくして、たまたま海に潜っていたジョンが黒い背ビレを持つサメに襲われ、命を奪われるという事件が発生。騒動の収拾に乗り出した沿岸警備隊はまるきり役に立たず、そのまま殺人ザメは野放しとなってしまう。

　残された3人はかつての血の誓いに従い、ジョンを殺したサメに対する復讐を決意する。かつてインディアンから手渡された、あの矢筒を頼りにして……。

解説

　かけがえのない少年時代の友情を巡る復讐劇を取り扱ったサメ映画が、この『ディープ・ブラッド 復讐のシャーク』だ。

　名目上、本作の監督はラフ・ドナートということになっているが、実際に彼が監督したのは冒頭のみ。そのラフ・ドナートに代わり、アンクレジットで事実上の監督を務めたのはジョー・ダマトという人物である。さらに言うなら

DATA

原題・別題
DEEP BLOOD／SHARKS／SANGUE NEGLI ABISSI

製作国
イタリア
90分／COLOR

監督
ラフ・ドナート

脚本
ジョージ・ネルソン・オット

撮影
フェデリコ・スロニスコ

音楽
カルロ・マリア・コルディオ

出演
フランク・バローニ／チャールズ・ブリル／ミッツィ・マッコール／アレン・コート／キース・ケルシュ

SHARK LEVEL

恐怖度
★

オススメ度
★★

トンデモ度
★★★

ば撮影のフェデリコ・スロニスコも、ジョー・ダマトの別名義。元々本名とは別に複数の変名を用いることを好んでいた彼は、ときに自身の名そのものを伏せながらも、その生涯で併せて二百本近い本数の映像作品を手掛けている。

　まずは脚本面についてだが、ミキと彼の父との間に生じた親子の確執や、気難しい父からの自立に四苦八苦するベンの家庭内事情、札つきの不良として4人と対立していたジェイソンが自ら和解を提案し、共にサメ退治に挑むまでのエピソードに代表される、サブプロットの練り込みが軒並み足りていない。これら主要人物がそれぞれに抱えている人間関係上の課題は、3人の復讐劇の合間にいきなり提示されたかと思いきや、その後ささやかなやり取りを経てあっさり解消、むしろ丸々カットしてしまっても差し支えないのではないかと思わせるほど本筋から浮いている。これならば雑多なエピソードは省き、テーマをサメ退治一本に絞ってくれた方が、まだしもストーリーラインが散漫にならずに済んでいただろう。

　オープニングで語られる海の怪物ワカンの伝説と、謎めいたインディアンの存在も、その後そう大した意味合いを持たず、全体的に肉付けの甘さが目立つ。

　またサメの出番が少なく、そのテーマに反して滅多に活躍しないため、サメ映画としては映像面での見栄えに乏しい。

　ただそれでも、元々は4人を見下していた乱暴者のジェイソンが命懸けでサメとの戦いに参入する後半戦や、残された3人が死力を尽くして少年時代の誓いを果たさんとするクライマックスは粗削りながらに王道で、なかなか感慨深いものではあった。その他、数多の困難や悲劇を乗り越え、新たに得た友情と笑顔で締めくくられるラストも本作の魅力ではあるだろう。

　ややカルト映画めいた扱いもやむなしといった出来栄えながら、その後味の良さでかろうじて持ちこたえているサメ映画だ。

準サメ映画について

本書の"サメ映画"の定義からは外れるが、ほとんどサメ映画に近しいグレーゾーンの"準サメ映画"や宣伝広告上ではサメ映画を装っている作品、サメ映画であるという虚偽の風説が罷り通っている作品が存在する。

例えばハワード・ホークス監督作の『虎鮫』(1932) は、左腕を失った船長と目鼻立ちの整った船員、そして絶世の美女が行き違いから三角関係に陥るラブ・ロマンス物。人食いザメが出てくるとはいえ出番は僅少で、さほどメインプロットに関わりもしない。お人好しで醜い船長の悲恋を描いた映像作品で、三角関係の中心に立つヒロインの身勝手さをどう捉えるかが評価の分かれ目となるだろう。

ジョン・フォード監督作『虎鮫島脱獄』(1936) は、リンカーン大統領暗殺事件の裏で起こった出来事を、当事者であるサミュエル・マッド医師の体験談をベースに描いた実録物。日本国内ではインターネット上においてのみ稀にサメ映画扱いされることのある一本だがサメの活躍は皆無に等しく、この手の映像作品まで"サメ映画"だと喧伝するような行いには個人的に賛同しかねる。

『十二哩の暗礁の下に』(1953) は、海綿を採る縄張りとヒロインを巡って対立してしまった、ギリシア人漁師とイギリス人漁師の面々を描いたヒューマンドラマ映画。ゆえに本作をあえて"サメ映画"だと看做す必要性はまるで感じない。なお作品としてはラストがやや駆け足ながらも、各陣営の主張と感情が錯綜する人間模様が面白い。

4人の男女が海底に沈む宝と愛を巡って駆け引きを行う海洋サスペンス物が『欲望を呼ぶ嵐』(1960)。ジャケットにはサメが大きめに描かれているがサメの活躍はクライマックスに少しばかりで、サメ映画には程遠い3D映画である。

サメのエラを移植した青年を巡る人間模様を描いた『両棲人間』(1961) は、1962年にソ連で大ヒットしたラブ・ロマンス物。見方によっては『海棲獣』や『キラー・シャーク 殺人鮫』といったサメ人間映画の先駆けだと言えなくもないが、少なくとも両棲人間イフチアンドルの外見はヒトと変わらない。そもそもサメがモチーフのクリーチャーであるサメ人間と、あくまでエラ呼吸を体得したヒトに過ぎない本作の両棲人間はコンセプトからして異なるだろう。

『巨大タコ！人喰い鮫！ディープ・トレジャー』もとい『カリブ海の秘宝』(1974) は若い男女が沈没船の宝を求めて

サメのエラを移植した青年を巡る人間模様を描いた『両棲人間』(1961)。サメ人間映画の先駆けだと言えなくもないが、少なくとも両棲人間イフチアンドル(中央)の外見はヒトと変わらない

悪戦苦闘する海洋アドベンチャー物。サメと共にタコが登場するほか、主要人物の冒険と裏切り、そして第三勢力の介入と駆け引きが主軸の作品だ。

トレジャー・ハンターの男女がジャマイカ沖の沈没船を探索する『**悪魔の海底黄金**』(1974)は、やはりサメの出番はごく僅かに過ぎない海洋アドベンチャー物だが、恐ろしいまでにテンポが悪く、水中撮影の出来栄えを除いて特筆すべき点は見当たらない。

同じく海洋アドベンチャー物の『**ザ・ディープ**』(1977)は、沈没船に眠る宝とモルヒネを巡って男女が鎬を削る作品。なかなかの出来栄えだがサメの出番は僅少で、沈没船に潜むウツボの出番の方が印象に残ることだろう。ちなみに、初代『ジョーズ』でクイント船長を演じたロバート・ショウが主演だ。

ルネ・カルドナ・Jr.監督作『**大竜巻 サメの海へ突っ込んだ旅客機**』(1978)は、嵐に巻き込まれてツアーボートに避難した複数名の遭難者が、飢えと渇きからカニバリズムに至る海洋スリラー物。作品のコンセプト上、クライマックスまでサメの活躍はほとんど見受けられない。そしてランニングタイムの長さと、作中に動物虐待じみた行いが見られる点が人を選ぶだろう。

"トルコのジョーズ"の異名で知られている『**ÇÖL**』(1983)は、バイクとサングラス、そしてロマンス・グレーの頭髪がトレードマークのヒットマンが、追ってくる刺客と戦うシークエンスをダイジェスト風に並べたアクション物。辛うじて後半から

フィルム・ノワールめいた雰囲気を示しながらも連続性の欠如した脚本構成は理解困難で、物語性が希薄だ。そして"トルコのジョーズ"などと呼ばれてはいるが当のサメは後半に少し姿を現す程度。ちなみに"ÇÖL"はトルコ語で"砂漠"の意だが、作中に砂漠地帯は見受けられない。元々原題は『MAVI ÇÖL』すなわち海を指した"青い砂漠"の意だったが、宣伝用ポスターの担当者にはその旨が伝わらず、「別に砂漠地帯は青くないだろう」と解釈して独断でタイトルを『ÇÖL』に削ったため、このような形を迎えたとのことである。

『パニック！殺人ジョーズV』(1986) は人食いザメを操るマフィアを追って、反骨精神溢れる刑事と2人の無法者が大騒動を繰り広げるというステレオタイプのクライム・アクション物。それゆえ舞台装置に過ぎないサメの出番は雀の涙である。

『シーフォース 戦艦インディアナポリス出撃』(1991) は、第二次世界大戦中に起こった"インディアナポリス号事件"と、その後沈没の責を問われたマクベイ艦長の軍法会議までを描いた歴史物。船から投げ出されて海を漂う遭難者が、サメに対する恐怖と疲労から(味方の)救助を日本軍と誤認するシーン、海の底には真水が眠っていると錯乱するシーンが生々しい。余談だが、初代『ジョーズ』を観てこのインディアナポリス号事件に関心を抱いた小学6年生のハンター・スコットが行った研究が、本件の責任者に仕立て上げられ信用失

墜した挙句自殺に追い込まれた、マクベイ艦長の名誉回復に繋がることとなる。

『イントレピッド』(2000) は「豪華客船イントレピッド号で警護任務中の主人公が、近くの封鎖海域で爆発した核兵器から連鎖的に生じた大津波に巻き込まれた上、転覆した船内で因縁のヒットマンと戦っている内に、人食いザメと遭遇する」という、およそプロットの方向性が見えないパニック・アクション物。サメの出番は極めて少ないが、あの名優ジェームズ・コバーンが出演しているという点は見逃せない。

アーネスト・ヘミングウェイの小説『嵐のあとで』を実写化した『アフター・ザ・ストーム』(2000) は、3人の男女が金を巡って駆け引きを行うサスペンス物。しかしながら日本版DVDのジャケットには、メガロドンと見紛う巨大ザメのイラストが載っている。本編にサメの活躍はほとんど見受けられないが、主要人物の騙し合いがなかなか面白い作品である。

映画会社UFO製作の『フロム・デプス』(2003) は低予算海洋パニック・アクション物。生体兵器と化した人食いザメが暴走する冒頭の8分間とクライマックスのワンシークエンスのみ作りがサメ映画だが、その間は潜水艦を舞台に繰り広げられる主人公と軍人の攻防が続く。サメの出番は少なく作劇上の役割が薄い上に、見所の多くが駆け引きと銃撃戦、そして親子の絆を描いた物

語に偏っており、トータルではサメを売りにした作品のようには思えない。その点を踏まえて本書では準サメ映画として取り扱ってはいるが、極めてサメ映画に近い作品ではあるだろう。そして本作の主要人物である3人組は癖が強いながらもその軽口が魅力的で、実は案外面白い。

ロバート・ロドリゲス監督作『シャークボーイ＆マグマガール』(2005) は、幼い少年マックスが作り上げた空想上のスーパーヒーローが現実世界に降り立ち、彼と共に"よだれ惑星"を救わんと大冒険を繰り広げる3D映画。サメに育てられ、サメの力を獲得したシャークボーイが登場する。

クルージングに出た男女が船上で1人、また1人と死んでいくサスペンス物が『デプス・ダウン』(2006) だ。日本版DVDのジャケットではサメが中央に陣

取っているが、その出番は少ない。加えて画作りがチープでトリックは強引、すべてが三文芝居だと言わざるを得ない。

中国沿岸部の都市に迫る史上最大級の台風と、逃げ遅れた人々の戦いを描いたディザスター・パニック物が『超強台風』(2008) である。サメの活躍は後半に一度きりだが、未曽有の自然災害を前にして人民を率い自ら戦う、主人公

の市長のカリスマ性が素晴らしい。多少メインテーマの主張の強さが気になるものの、作品としてはストレートに楽しい一本だ。

ハル・ベリー主演作の『ダーク・タイド』(2011) は、サメに対してトラウマを抱えている海洋生物学者のヒロインが、元恋人の誘いでシャーク・ツアーのガイドを務めるも、航海中にアクシデントに巻き込まれるという海洋パニック色の強い作品。決してサメの出番は少なくはないものの、その作品コンセプト上明らかに主人公の心境と人間模様が大きな比重を占めている点を考慮し、本書ではあえて準サメ映画の枠組みに置いている。とはいえ、ほとんどサメ映画に近しい一本として数えられる作品には違いない。なお終始険悪で口論の多いヒューマンドラマが主軸で、話運びがスローテンポのため、おそらく評価は分かれることだろう。

サメの襲撃に遭い左腕を失いつつも、サーファーの夢を諦めずトレーニングを続けたベサニー・ハミルトンの実話を基にした作品が『ソウル・サーファー』(2011) だ。言わずもがなサメの襲撃シーンは短いワンシーンに留まっている上、彼女の挫折と再起の物語を"サメ映画"などと吹聴するような行いは少々茶化しが過ぎるか。

トール・ヘイエルダールの冒険記『コン・ティキ号探検記』を実写化した『コン・ティキ』(2012) は、南米人とポリネシア人の関連性を示すべく筏で海

を渡らんとする人類学者の冒険を描いた海洋アドベンチャー物。それゆえサメ映画だとは言い難いが、血の匂いに誘われ主人公が乗る筏に群がるサメの出番は印象的だ。

『イントゥ・ザ・シー』(2014) は第二次世界大戦中の不時着事故を描いた、実話が基の海洋スリラー物。映像面はチープだと言わざるを得ないが、脚本構成の緩急と取捨選択、そしてドラマ性のいずれもしっかりしており、欠点を補って余りあるその面白さはなかなかのもの。なおサメの出番は僅かに2回のみである。

映画製作スタジオアサイラム作品『SHARKNADO: HEART OF SHARKNESS』(2015) は「デヴィッド・ムーアという監督がアサイラム社で撮影せんとした、幻のサメ映画『シャークネード』の謎を追う」という体のモキュメンタリー映画。が、チェーンソーが絡んだ撮影中のアクシデントとラストを除くと外連味の足りない本編は、あえてモキュメンタリー映画のスタイルを取る必要性が感じられない慎ましやかな出来栄え。アイデアは面白かった分、肩透かしではある。

ニコラス・ケイジ主演作『パシフィック・ウォー』(2016) は、インディアナポリス号事件が基の海洋パニック物。『シーフォース 戦艦インディアナポリス出撃』に比べてエンターテイメント性の強い作りで、まるで『タイタニック』(1997) のごときインディアナポリス号の沈没シーンと、アニマル・パニッ

ク風に仕上げたサメの襲撃シーン、そしてマクベイ艦長のほか脇役のバックボーンまでドラマティックに描いている点が特徴だ。が、それゆえ事件の悲惨さが少しばかり薄れており、特にサメの襲撃シーンなどは良かれ悪しかれかなりサメ映画に近しい雰囲気となっている。ただし、あまり固いことを言わず見たままに評価するならばそれなりに面白い作品ではあるだろう。ちなみに本作の監督は『ジョーズ'87 復讐篇』に出演したマリオ・ヴァン・ピープルズだ。

マーク・ポロニアとポール・アラン・スティールの共同監督作『AMITYVILLE ISLAND』(2020) のDVDジャケットには大きくサメの姿が描かれているものの、その本編は『ロスト・ジョーズ』から使い回したサメの3Dモデルがごく僅かに出るばかりのSFオカルト物。相も変わらずテンポが悪く、支離滅裂で要領を得ない脚本構成が腹立たしい。

SHARK 3

1991–2000

廃材アートのサメ映画

ジョーズ'96 虐殺篇

DATA

原題・別題
CRUEL JAWS／THE BEAST／JAWS 5／JAWS 5: CRUEL JAWS

製作国
アメリカ／イタリア
97分／COLOR

監督
ウィリアム・シュナイダー

原案
リンダ・モリソン／ロバート・フィーン

製作
ジョン・ケント

脚本
ウィリアム・シュナイダー／リンダ・モリソン／ロバート・フィーン

撮影
ベン・ジャクソン／ルイジ・チッカレーゼ

音楽
マイケル・モラハン

出演
デヴィッド・ルーサー／ジョージ・バーンズ／スコット・シルベリア／クリスティン・ウルソー／リチャード・デュー／スカイ・パルマ

SHARK LEVEL

恐怖度
★

オススメ度
★★

トンデモ度
★★★

STORY

　ハンプトン・ベイの小さな町に、1匹のイタチザメが現れた。かつて海軍の機密実験により、殺人兵器として育て上げられた子ザメの生き残りだというその怪物は、海岸を訪れた地元民を手当たり次第虐殺していく。

　いち早くサメの気配を察知した海洋生物学者のビリーと、地元で水族館を経営しているダグ、保安官のフランシスは、大至急ビーチを閉鎖するように訴えるが、事実上この町を取り仕切っている権力者ルイスはまるで聞く耳を持たず、あべこべにボートセーリング大会を強行してしまう。その結果、やはり出現したサメの襲撃をまともに受け、海辺の会場は大混乱に。阿鼻叫喚の地獄絵図の中、なんとビリーの恋人までもがサメの餌食となり……。

解説

　かのジョーズシリーズの最終作『ジョーズ'87 復讐篇』めいた邦題のサメ映画が、この『ジョーズ'96 虐殺篇』だ。別題で『JAWS 5』あるいは『JAWS 5: CRUEL JAWS』などと銘打ってはいるものの、その実ジョーズシリーズとはまったく無関係の作品であり、ただ単に無断で本家『ジョーズ』の五作目を自称しているだけに過ぎない。

　監督及び共同脚本としてクレジットされている、ウィリアム・シュナイダーなる人物についてだが、彼の本名はブルーノ・マッティ。ほかにも"ヴィンセント・ドーン"などの別名義を複数使い分け、『サイバーロボ』(1988)や『エイリアンネーター』(1989)、ストライク・コマンドーシリーズといったヒット作の二番煎じで知られている監督だ。

　この世に生まれ出た数多くのサメ映画の中でも、本作の存在はもっとも恥ずべき汚点のひとつとして、未来永劫語

り継がれていくことになるだろう。なにせ作品の山場となるサメの襲撃シーンは、そのほとんどが『ジョーズ・リターンズ』と『ディープ・ブラッド 復讐のシャーク』から丸々流用したものである。また他作品から拝借したサメの映像を自前の本編へと切り貼りするにあたって、本作は前後の文脈を無視した強引な場面転換をしばしば繰り返し、各シークエンスの繋ぎ目をなかば投げやりに誤魔化している。そもそも大本の『ジョーズ・リターンズ』と『ディープ・ブラッド 復讐のシャーク』自体、その完成度で言うならば決して褒められたものではない素材だ。

　ストーリーラインは本家『ジョーズ』のありふれた亜流に過ぎず、オリジナリティーの類いは皆無。おまけに本家『ジョーズ』で海洋生物学者のフーパーが市長に語った、「サメの目的は泳いで、食べて、子作りすること」という旨の台詞までをも本作は剽窃している。強いて言うならば、本家『ジョーズ』が原作小説から除外したマフィアの面々が、後半から登場するという点に関してのみ、ごくわずかに変化球じみた面白さを感じられるといった程度。さらには本作、かのスター・ウォーズシリーズのメインテーマすら密かに盗用している。

　あえて断ずるが、すべてにおいてろくでもない一本だ。が、ここまで徹底して志が低いと、かえってその唯一性に対する畏敬の念を抱かなくもない。そういった意味では本作、観る者をことごとく悩殺するカルト映画だと評して間違いないだろう。

サメ映画からの物体Ⅹ

プロテウス

DATA

原題・別題
PROTEUS

製作国
アメリカ
95分／COLOR

監督
ボブ・キーン

原案
ハリー・アダム・ナイト

製作総指揮
バリー・バーンホルツ／
アラン・マーティン／アラ
スデア・ウォデル

製作
ポール・ブルックス

脚本
ジョン・ブロスナン

撮影
アダム・ロジャース

音楽
デヴィッド・A・ヒューズ／
ジョン・マーフィ

出演
クレイグ・フェアブラス／
トニー・バリー／ダグ・ブ
ラッドレイ／ウィリアム・
マーシュ／ジェニファー・
カルヴァート

SHARK LEVEL

恐怖度
★★★

オススメ度
★★★

トンデモ度
★★★

STORY

　麻薬密輸業者の一団に紛れて潜入捜査を行っていたア
レックスとレイチェルは、ヨットを用いたヘロインの移送
中に海難事故を起こし、運び屋の面々と共に遭難する。暗
い夜の大海原を漂流した末、寂れた海上油田基地に流れ着
いた一同。だが、その施設内には石油採掘施設にそぐわな
い研究設備が揃えられており、何者かが銃火器を使って
争った形跡まで散見される。そして探索中に遭遇した幾人
かの職員は皆一様に、要領を得ない言葉を叫んでは再び姿
を消す始末。実はこの地、表向きには海上油田基地を装い
ながらも、裏では死を克服するための遺伝子工学的実験を
繰り返していた研究所だったのだ。

　その過程で生み出されたという究極のDNA "プロテウ
ス" は、"チャーリー" という1匹のホホジロザメに適合。
日々進化を積み重ね、その力を増していく一方で元来の凶
暴性を保っていたチャーリーは、ついに反旗を翻し研究所
を壊滅させていたのだ。

　類稀なる不死性と知能に加えて、捕食した獲物のDNA
を取り込み、その容姿と特性を模倣する能力まで有した
チャーリー。もはや研究所を掌握した不死身の生命体は、
施設内に迷い込んだアレックスとレイチェル、そして麻薬
密輸業者を次の標的に定める。が、奇しくもヘロイン中毒
の運び屋を吸収してしまったことがきっかけとなって、
チャーリーの完全性にほころびが生じ始め……。

解説

　『死神ジョーズ 戦慄の血しぶき』に続く、サメの顎と触
手を持つ合体生物のサメ映画が、この『プロテウス』だ。
ただし本作のサメは瞬間的に自らのDNAを進化させ、ゲ

ル状の不定形体となって高速移動する上に、捕食した獲物の記憶と自我を奪ってそのままなり代るという恐るべき能力をも獲得している。

監督はヘルレイザーシリーズの特殊効果を務めたボブ・キーン。主に特殊効果としてのキャリアで知られている彼だが、実は本作を含めて数本、監督作を持っている。

原案のハリー・アダム・ナイトと、脚本のジョン・ブロスナンは同一人物。本作の原作小説となる『Slimer』を執筆した作家だ。

キャストとしては、かのヘルレイザーシリーズに登場する魔道士“ピンヘッド”ことダグ・ブラッドレイの姿が見られる。

本作の最も素晴らしい点は、やはりクライマックスでその真の姿を露わにするチャーリーの造形だ。醜悪極まりないサメの顎に、うごめく赤黒い触手の数々もさることながら、その体内では彼が捕食した犠牲者の自我がまだ生きており、常に泣き叫び、助けを求めて悲鳴を上げ続けているというおぞましさは秀逸である。少々画面が暗い上に、頭部ばかりがクローズアップされるため全身を把握しにくい点がネックだが、その短所を差し引いて余りある長所を持ったクリーチャーに仕上がっている。なおこのチャーリー、クライマックスまでは基本的に人間体、もしくはゲル状の不定形体として活動しているため、その真の姿が見られるのはほぼラストに入ってからである。

脚本面はかの『エイリアン』(1979) と『遊星からの物体X』(1982) に、『深海からの物体X』(1994) のような海洋ホラー要素を加えたパニック映画の複合体じみている。ゆえに容易く先が読めてはしまう反面、おどろおどろしい緊張感は出ており面白い。もっとも冒頭では主人公の述懐という形で物語を進めておきながら、ラストをチャーリーの視点で締めくくっている点は明らかにミスである。

サメ映画には珍しい、閉塞感の漂う海洋SFホラー物である。その出来栄えは粗削りながらも魅力的で、たまらないものだ。

川の流れのように

ジョーズ'98 激流篇

DATA

原題・別題
GREAT WHITE

製作国
アメリカ
90分／COLOR

監督
ザック・リーダー

製作
ブライアン・トッド

脚本
ザック・リーダー

撮影
ケン・スタイプ

音楽
ジギ・メローニ

出演
リチャード・キーツ／ステファニー・アレン／R・J・コリンズ／テリー・アロースミス

SHARK LEVEL

恐怖度
★

オススメ度
★★

トンデモ度
★★

STORY

　アメリカ合衆国ネバダ州の川岸に、下半身を失った変死体が打ち上げられた。亡くなったのはジョーという青年。彼と懇意にしていたスティーブン教授は、サメに関する文献や地元民の目撃情報から、ジョーを殺したのはホホジロザメだと推測する。だが、死体が上がった川は淡水域で、サメの姿を見たという目撃者はアルコール中毒者のホームレスだけ。いずれにせよ物的証拠の乏しさから、誰もサメの仕業だとは信じようとしなかった。

　しかしながらスティーブンの読み通り川に潜んでいたホホジロザメは、水辺に足を踏み入れた地元民を続々と血祭りに上げていく。加えてスティーブンが溺愛する息子デヴィッドが、サメの話を知らず川に向かってしまい……。

解説

　『ジョーズ'96 虐殺篇』と同様に、本家『ジョーズ』とはまったく無関係のサメ映画が、この『ジョーズ'98 激流篇』だ。あのニュージャージーサメ襲撃事件をモデルにしたと思しき本作の舞台は、史実に倣って淡水の川である。

　製作陣には無名の人間が多いようだが、監督、脚本のザック・リーダーと、主演のリチャード・キーツについては、その後もテレビシリーズの場で活躍を続けているようだ。

　さて本作は90年代のサメ映画には珍しく、インディー感の強いサメ映画である。まず撮影機材が明らかにビデオカメラであり、その画質からはインディー映画特有の安っぽい鮮明さが見て取れる。およそカメラワークが単調で動きに乏しい上に、サメの襲撃シーンは本物のサメのフッテージと、犠牲者が水中でもがき苦しむショット、それからビート板めいて厚ぼったいサメの背ビレを短く繋いで仕上げているため迫力

最強最大！ジョーズ・パニック最新作!!

JAWS'98
ジョーズ'98
激流 編

『ジョーズ'98 激流篇』VHSジャケット、本家『ジョーズ』
とはまったく無関係のサメ映画

は皆無。そもそもサメの出番自体が控えめで、主にサメの調
査を行うパートと若者の人間模様に延々と尺を割いているた
め、いわゆるパニック映画らしい魅力には欠ける。また全体
的にライティングがおざなりで、やたら暗く、ちっとも画面
が見えない夜間のシーンや、逆に不自然に明るい日中の
シーンが混在しているのもよろしくない。

　ただし主要人物が一丸となって人命救助をし、サメに挑む
クライマックスには、多少の盛り上がりを感じなくもなかっ
た。本家『ジョーズ』のオマージュめいて、決め台詞と共に
狙撃を行い、盛大にサメを爆破せしめるラストもひとつの見
所ではあるだろう。

　とにかく凡庸で、あらゆるフックとインパクトが欠落した
一本だ。その名の通り、あえて激流に逆らわんとする益荒男
のみが本作を鑑賞するに相応しいだろう。

恐怖のサメ人間映画

海棲獣

STORY

1972年。カリブ海"鮫の歯島"の研究所では、アメリカ合衆国海軍のために、サメとイルカにヒトのDNAを掛け合わせた交雑種を開発していた。だが高い知性と凶暴性、そして繁殖機能までをも兼ね備えたクリーチャーは突如として暴走を開始。もはや制御不能と判断されたその怪物は、遺伝子操作に関わったペニストン博士の手でケージに閉じ込められ、深い海の底に秘匿されるのだった。

それから25年後。同じ地で研究所を再利用していた海洋生物学者のチェイスは、島の周りで不可解な連続殺人事件に巻き込まれる。当初は野生のホホジロザメの仕業かと疑われたものの、現地で目撃された水生動物はサメに似て非なるまったくの新種。実は25年の時を経て、図らずもケージから抜け出ていたクリーチャーが、カリブ海を縄張りに人知れず狩りを行っていたのである。さらにクリーチャーは、直立二足歩行を行う水陸両用のサメ人間に突然変異。軍事目的で生み出された殺人兵器としての本性を露わにする。

執念深い調査の末にすべての真相を知ったチェイスと、この恐るべき事態の収拾に現れた海軍、そして今や変わり果てた姿で密かに生き延びていたペニストン博士は、クリーチャーに立ち向かうが……。

解説

かの『ジョーズ』の原作者ピーター・ベンチリーが執筆した『WHITE SHARK』を、ランニングタイム合計175分の前後編でテレビ映画化したサメ映画が、この『海棲獣』だ。なお同じ『海棲獣』という邦題で、原作小説の邦訳版が出版されている。

DATA

原題・別題

D.N.A.Ⅲ PETER BENCHLEY'S CREATURE／PETER BENCHLEY'S CREATURE／CREATURE

製作国

アメリカ

120分／175分

COLOR

監督

スチュアート・ジラード

原案

ピーター・ベンチリー

製作

ブレント＝カール・クラックソン

脚本

ロックニ・S・オバノン

撮影

トーマス・バースティン

音楽

ジョン・ヴァン・トンジェレン

出演

クレイグ・T・ネルソン／キム・キャトラル／ジャンカルロ・エスポジート／クレス・ウィリアムズ／マシュー・カーレー／マイケル・ライリー・バーグ

SHARK LEVEL

恐怖度

★★

オススメ度

★★★

トンデモ度

★★★

スタン・ウィンストンが手掛けた、おどろおどろしい質感のサメ人間クリーチャー。前傾姿勢で顎を突出させたグロテスクな
ビジュアルはただただ秀逸の一語に尽き、作品全体の魅力を底上げしている

　国内VHS版の邦題は『D.N.A. III PETER BENCHLEY'S
CREATURE』と、さも『D.N.A. ドクター・モローの島』
(1996) の続編めかしたタイトルがつけられているが、両作
品間に関連性はない。また国内VHS版は120分のカット版
である。
　監督は『ミュータント・ニンジャ・タートルズ3』(1993)
や『ロケットマン』(1997) のスチュアート・ジラード。
　またクリーチャーエフェクトとして『遊星からの物体X』
(1982)、ターミネーターシリーズの一作目から三作目と
ジュラシック・パークシリーズの一作目から三作目、『エ
イリアン2』(1986) などで特殊効果を務めたスタン・ウィン
ストンが参加している。
　主演はクレイグ・T・ネルソン。ポルターガイストシ
リーズのスティーヴ・フリーリング、もしくは『Mr. イン
クレディブル』(2004) と『インクレディブル・ファミリー』
(2018) におけるボブ・パーの声優として知っている方が多
いだろう。
　そしてヒロインは『ポーキーズ』(1981) や『ポリスアカデ

ミー』（1984）、セックス・アンド・ザ・シティシリーズでサマンサ役を演じているキム・キャトラルだ。

　本作の見所は、やはりスタン・ウィンストンが手掛けた殺人兵器のサメ人間クリーチャーのおどろおどろしい質感だろう。前傾姿勢で顎を突出させたサメ人間のグロテスクなビジュアルはただただ秀逸の一語に尽き、作品全体の魅力を底上げしている。作中での出番自体も回数はそれなりに多く、海中、民家、沼地、研究所と様々なシチュエーションで活躍してくれるため、その満足度は高い。

　脚本に関しては、かねてより殺人マシーンとされているサメに対しての偏見の払拭と、その保護活動を訴えているピーター・ベンチリーからのメッセージ性が強い物語となっている。

　特に前編では連続殺人事件の真犯人だとしてあらぬ濡れ衣を着せられたサメの無実を証明するべく、常々地元民から疎まれている主人公が奔走するというくだりが続くが、その辺り少々長尺でひたすら鬱屈としているため、もしかすると辟易するかもしれない。そうでなくとも本作、ノーカット版のランニングタイムが前後編を合わせて175分に上る大長編である。そこはさすがに好みの分かれる点となるだろう。

　とにもかくにもサメ人間に関しては素晴らしい。古き良きモンスター・パニック物の愛好家は鑑賞しておくべきだろう。

DATA

原題・別題
SHARK ATTACK／
シャークアタック 地獄の
殺人ザメ

製作国
アメリカ
96分／COLOR

監督
ボブ・ミシオロウスキー

製作総指揮
アヴィ・ラーナー／ダニー・
ディムボート／トレヴァー・
ショート

製作
マンディ・ブランチ

脚本
スコット・ディヴァイン／
ウィリアム・フック

撮影
ローレンス・シャー

音楽
サージ・コルバート

出演
キャスパー・ヴァン・ディー
ン／アーニー・ハドソン／
ベントレー・ミッチャム／
ジェニファー・マクシェーン

SHARK LEVEL

恐怖度
★

オススメ度
★★★

トンデモ度
★★

1999年

シャークアタック三部作の第一部

シャークアタック

STORY

海洋生物学者スティーブンのもとに、アフリカで働いている親友マークから一件のEメールが届いた。だがそのデータは破損しており、詳細を把握することができない。インターネットで彼の滞在地を調べてみると、このところサメの襲撃事件が不自然に急増しているエリアだと判明。メールの内容確認も兼ねて、学術的好奇心から現地に向かった彼は、マークと同じくアフリカで研究を行っていた知人のクレーブン博士と再会する。

ところがクレーブン博士はつい先日、マークがサメに襲われ死亡したことを告げるのであった。思わぬ事態に動揺するスティーブン。しかしマークの死の状況と一連のサメの襲撃事件には、不可解な点が多々見受けられる。疑念を抱いた彼は、地元の漁師マニとマークの妹コリンに助けを求め、親友の死に関する真相を追うが……。

解説

アメリカ合衆国の低予算映画を語る上で、およそ避けては通れないだろう製作スタジオのひとつ、ヌー・イメージ。90年代から今に至るまで、ヌー・イメージ社は主にアクション映画とパニック映画を中心に、多くの低予算映画を世に送り続けている。

そのヌー・イメージ社が製作した初のサメ映画で、かつ"シャークアタック三部作"の第一部に相当するサメ映画が、この『シャークアタック』だ。今でこそシリーズ物のサメ映画などそう珍しくもないが、00年代初頭までは本家『ジョーズ』とシャークアタックシリーズにしか、ナンバリングタイトルは見当たらなかったのである。

ちなみに日本国内では二作目が『ディープ・ライジン

グ』、三作目は『ディープ・ライジング コンクエスト』という一作目とはかけ離れた邦題でシャークアタック三部作の続編が流通している。重ねて『シャーク・アタック!!』なる、その邦題こそ酷似してはいるがまったく無関係の作品も存在しているため、その辺り混同しないように注意しておきたい。

　主演は『スターシップ・トゥルーパーズ』(1997) でジョニー・リコを演じたキャスパー・ヴァン・ディーン。

　彼と対立するホテルオーナー役は、『ゴーストバスターズ』(1984) のウィンストン・ゼドモアことアーニー・ハドソンだ。

　本作にはいわゆるアニマル・パニック物とは異なる、アフリカの小さな漁村を巡る陰謀を描いたクライム物としての趣向が凝らされている。特にサメの体内で消化されずに残っていた腕時計の種類から、親友の死が他殺だと悟るくだりなどは、思いのほかしっかりと話が練られていた。

　主要人物にはなかなか個性的な面子が揃っている。口数の減らないお調子者の案内人マニや、反社会的なりにある種の理とプライドを持つクレーブン博士に代表されるキャラクターの数々は魅力的だ。

　そしてアクション映画を得意とするヌー・イメージ製サメ映画ということもあって、クライマックスでの銃撃戦や、爆発四散するヘリコプターには見応えがある。

　一方で、サメの襲撃シーンは本物のサメのフッテージをベースに、自前で用意したと思しきサメの模型のショットを繋いで構成しているため、その出来栄えはチープだ。本作に関しては、サメの存在がかえって重荷となっている。

　クライム色の強い物語にパンチの弱さを感じるかもしれないが、総合的にはそれなりに質の良いアクション系サメ映画ではあるだろう。

DATA

原題・別題
DEEP BLUE SEA
製作国
アメリカ
105分／COLOR
監督
レニー・ハーリン
製作総指揮
ブルース・バーマン／ダンカン・ヘンダーソン／ジョナサン・シュワルツ
製作
アキバ・ゴールズマン／ロバート・コスバーグ／トニー・ルドウィグ／アラン・リッチー
脚本
ダンカン・ケネディ／ウェイン・パワーズ／ドナ・パワーズ
撮影
スティーヴン・F・ウィンドン
音楽
トレヴァー・ラビン
出演
トーマス・ジェーン／サフロン・バロウズ／サミュエル・L・ジャクソン／LL・クール・J／マイケル・ラパポート／ジャクリーン・マッケンジー／ステラン・スカルスガルド

SHARK LEVEL

恐怖度
★★★
オススメ度
★★★★★
トンデモ度
★★★

1999年

初代『ジョーズ』に並ぶサメ映画

ディープ・ブルー

STORY

海上研究施設アクアティカから、1匹のアオザメが脱走した。アクアティカを所有するキマイラ製薬の代表取締役ラッセルは施設の閉鎖を検討するが、とあるプロジェクトに心血を注いでいた所員のスーザンは猛反発。確かな成果の実演という形でラッセルを説得するべく、彼をアクアティカに招く。

その後ラッセルの目の前で、実験用のアオザメから脳細胞を抽出すると、アルツハイマー型認知症の治療薬を作り出したスーザン。不治の病の特効薬に沸き立つ一同だが、そのとき突如としてサメが凶暴化。散々暴れ回った末に研究所のシステムを破壊し、スーザンとラッセルを含む関係者全員を施設内に封じ込めてしまった。

実はプロジェクトの凍結を恐れたスーザンは、治療薬の精製に欠かせない脳細胞の分量を確保するべく、実験用のアオザメに遺伝子操作を施していたのだ。その結果として生まれた3匹の怪物が、今人類に牙を剝こうとしていた……。

解説

初代『ジョーズ』を随所でリスペクトしながらも、本質的にはまったく異なるアプローチで唯一無二の立ち位置を勝ち取ったサメ映画が、この『ディープ・ブルー』だ。

監督は『エルム街の悪夢4 ザ・ドリームマスター 最後の反撃』(1988)に『ダイ・ハード2』(1990)、そして『クリフハンガー』(1993)のレニー・ハーリン。

キマイラ製薬の代表取締役ラッセルを演じるのはあのハリウッド・スター、サミュエル・L・ジャクソン。元々サミュエルはLL・クール・Jと同じ、コックの役回りでオファーを受けていたが、彼のエージェントが難色を示したため、ラッセ

©Getty Images/Hulton Archive/Getty Images
浸水したエレベーターシャフトの底から水位の上昇と共にサメが迫ってくるシーン

ル役に落ち着いたのだという。

　本作のトラブルを引き起こしたヒロイン、スーザンを演じるサフロン・バロウズは、その顔立ちがレニー・ハーリンの破局した元妻ジーナ・デイヴィスの若かりし頃に酷似している。そのため、一時期「レニー・ハーリンは元妻への未練からサフロン・バロウズをヒロインの座に据えたのだ」「本作のクライマックスはジーナ・デイヴィスと破局した腹いせに違いない」などの与太話が絶えなかった。

　初代『ジョーズ』及びその類型のパニック映画にしばしば見られる様式美を逆手に取った話運びが、本作の持ち味だ。冒頭の海上で馬鹿騒ぎしている若者が、間一髪で人食

いザメの襲撃から生き残ったり、リーダーポジションのいかにも主人公然とした男が、誰もが予想だにしなかったタイミングで退場したり、物語のキーパーソンとなる知性派のヒロインが、土壇場で思わぬ結末を迎えたりと、その例には事欠かない。

　一方で本作、ただ安易なセオリー破りに頼り切っているわけではない。レニー・ハーリン自ら「テンポと緊迫感の維持がこの種の映画の命」とオーディオコメンタリーで語った通り、物語の勢いを削ぎかねない会話劇は必要最低限に抑えた上で、人食いザメの出番を、様々な趣向を凝らし多数盛り込んでいるおかげで、常にスリルが持続している。具体的には浸水したエレベーターシャフトの底から水位の上昇と共にサメが迫ってくるシーンなどに、そのポリシーが如実に表れている。

　またダイナミックに動くサメの活躍も本作の強みだろう。いわゆるCG技術とフッテージ、そして精巧なアニマトロニクスが組み合わさることによって、それまでにはついぞ見られなかった大迫力の人食いザメがスクリーンを駆け巡っている。さらにレニー・ハーリンらしい大爆発と大活劇が加わり、特にアクション面での完成度が図抜けたサメ映画だ。

　なおサメが本来ならばありえない動きで後退する、または骨格的に不可能な体勢を取っている点がしばしば指摘されているが、前者については作中でも、通常ありえない動きだとのフォローがなされている。

　この手のサメ映画に求められるスリルとアクション、そして意外性の数々を高水準でまとめた、素晴らしい大衆娯楽作品である。2016年に製作された『ロスト・バケーション』の台頭までは、初代『ジョーズ』と本作が、サメ映画というジャンルを牽引する二大巨頭だった。

　余談だが、序盤でイタチザメが吐き出した "007-o-981" のナンバープレートは、あの初代『ジョーズ』の作中でイタチザメの腹から取り出されたナンバープレートと同じ番号である。

シャークアタック三部作の第二部

ディープ・ライジング

STORY

　水族館に勤める海洋生物学者のニックは、勤務地近くの入り江にホホジロザメが出現したことを知る。元は穏便に追い払うべきだと考えていたニックだが、サメを使ったビジネスを企む館長の命で、彼は急遽その生け捕りに駆り出されることとなった。

　館長とは思想的に対立しつつも、鮮やかな手際でサメを捕獲したニック。しかしサメは移送後、館長のミスで水族館から脱走。保身に走った館長のせいで、すべての責任を負うこととなったニックは、サメを憎んでいるダイバーのサマンサ、そしてシャーク・ハンターのロイと手を組み、ホホジロザメの行方を追う。

　だが3人が追うサメは、かつてクレーブンという科学者が薬物投与を行った、突然変異種の生き残りであった。加えてそのサメは密かに繁殖行為を行うと、オリジナルと同じ性質を備えた人食いザメの群れを形成していて……。

解説

　『シャークアタック』の続編として製作されたヌー・イメージ製サメ映画が、この『SHARK ATTACK 2』もとい『ディープ・ライジング』だ。

　邦題の由来は未だ明かされてはいないが、おそらく同時期に公開された『ディープ・ブルー』に便乗した可能性が高い。

　監督はデヴィッド・ワース。日本国内では『パペットマスターと悪魔のオモチャ工場』(2004)で知られているかもしれない。

　本作はサメ映画の様式美をそのまま詰め込んだかのような一本だ。タフガイの海洋生物学者や、いささか直情的なヒロインに加え、目先の損得に囚われ事態を悪化させてしまう有

DATA

原題・別題
SHARK ATTACK 2

製作国
アメリカ

93分／COLOR

監督
デヴィッド・ワース

製作総指揮
アヴィ・ラーナー／ダニー・ディムボート／トレヴァー・ショート

製作
ダニー・ラーナー／マーロウ・ドゥ・マート／ブリジット・オレーン

脚本
スコット・ディヴァイン／ウィリアム・フック

撮影
ヨッシー・ウェイン

音楽
マーク・モーガン

出演
トーステン・ケイ／ニキータ・エイガー／ダニエル・アレクサンダー／ダニー・キーオ／ウォリック・グリア

SHARK LEVEL

恐怖度
★

オススメ度
★★

トンデモ度
★★

力者などに代表される紋切り型の主要人物が勢揃いしている。

　シャーク・ハンターが狙いの人食いザメとは別のサメを晒し上げるくだりや、ビーチでサメの姿を捉えた主人公をドリーズームで映す演出技法はまさしく初代『ジョーズ』そのもの。さらには初代『ジョーズ』の市長とどことなく風体が似ている水族館の館長や、かつてブロディ署長を演じたロイ・シャイダーと同じ名を持つシャーク・ハンターが登場するなどの、あからさまなオマージュまでもが盛り込まれている。

　しかしながら前作ですでに使用したフッテージを、そのまま無加工で流用して仕上げたサメの襲撃シーンはほぼ手抜きに近い出来栄えだ。前作同様、自前で用意したと思しきサメの模型を使用しているシーンも存在するが、なまじサメの模型とフッテージを組み合わせてしまったがゆえに、同じシーン内のとあるショットではサメの片目が潰れているが、そのすぐ次のショットでは両目共に揃っているという連続性の破綻が発生している。

　その他既存のサメ映画のエピゴーネンに過ぎない本作は、総じてそのスケールの小ささばかりが目立ってしまっている。

　ただし一点、ロイ・ビショップというシャーク・ハンターに関してのみ、少々事情が異なる。軽率で口の悪いナルシストとして登場する彼は、ことあるごとに主人公ニックと対立し、彼を嘲笑い続ける。そこまではいかにもパニック映画の典型的やられ役めいた振る舞いだが、中盤で人食いザメに襲われてからは一転、ロイは心を入れ替えるとその慢心ぶりを自省し、主人公と和解して全面的な協力態勢に入らんとする。さらに後半からは自ら志願して人食いザメの根城に突入し、サメを仕留めるべく単独で危険極まりない作業を成功させるなどと、ロイは低予算パニック映画の増長した脇役には珍しい、八面六臂の活躍を繰り広げているのだ。

　そのロイのキャラクター性を除くと、すべてが型通りのサメ映画である。だからこそ、主要人物の中ではロイの存在感が一際異彩を放っている。そこをどう捉えるかによって評価が変わってくるだろう一本だ。

中国のサメ映画について

　近年中国の動画配信サービスが、人食いザメを主役にした映像作品をインターネット上で続々とリリースしている。そこで例外的にコラムの枠を設け、中国のサメ映画に触れておきたい。

　『陆行鲨（ルー・シン・シャ）LAND SHARK』は遺伝子操作で凶暴化した、水陸両用の巨大ザメが暴れるサメ映画。特に映像面の質が高く、地上を滑るように接近してくるサメの3Dモデルの動きはダイナミックで面白い。一方で演出・脚本面は独創性に欠け、前半は『パニック・マーケット3D』と『MEG ザ・モンスター』、後半は『キングコング：髑髏島の巨神』(2017) の亜流めいている。特にガラスの奥にサメが浮かび上がるショット、水没したセット、幼い少女のキャラクター配置、視界不良の荒野というシチュエーションには度々既視感を抱いた。

　『血鲨（シェ・シャ）1 HORROR SHARK』は海底研究施設でやはりサメが暴走するサメ映画。こちらは総じて『ディープ・ブルー』の焼き直しに過ぎず、『陆行鲨 LAND SHARK』と違って映像面まで安っぽいため、いかんせんフックが弱く評価し難い作品だ。

　その他、2021年にも続々と中国では独自のサメ映画が公開されている。今はその多くがヒット作の二番煎じ止まりだが、いずれその資本力を生かしたマスターピースが生まれ出るに違いない。

SHARK 4

2001-2010

復讐悲劇のサメ映画

シャーク・ハンター

DATA

原題・別題
SHARK HUNTER

製作国
アメリカ
93分／COLOR

監督
マット・コッド

原案
フィリップ・ロス

製作
ジェフリー・ビーチ／ジョン・カビラ／フィリップ・ロス

脚本
サム・ウェルズ

撮影
トッド・バロン

音楽
アンソニー・リバレッティ

出演
アントニオ・サバト・Jr.／クリスチャン・トゥラーリ／グランド・L・ブッシュ／ヘザー・マリー・マースデン／ベリザー・ビネフ

SHARK LEVEL

恐怖度
★★
オススメ度
★★★
トンデモ度
★★★

STORY

　遠い日の昔、両親と共にヨットの上で、静かな夜を過ごしていたスペンサー。ところが、にわかに海底から浮き上がってきた古代生物の巨体が、3人の乗る船に直撃。かろうじて救命用の浮き輪にしがみつき、九死に一生を得たスペンサー。しかし沈みゆく船に取り残された父と母は、そのまま命を失ってしまった……。

　それから20年後。深海艇及び潜水艦のエキスパートとして教鞭を執っていたスペンサーは、知人のウィリアムから興味深い話を聞く。それは彼の勤めるバートン社の潜水艦が、深海での作業中に謎の外的要因で大破、乗組員まで全滅したというもの。ウィリアムは、この度のアクシデントに対する調査、協力をスペンサーに要請。スペンサーは自ら心血を注いで開発した調査用潜水艇アルゴスへの搭乗許可を条件に、彼の依頼を引き受ける。

　その後アルゴスのクルーと連携して、爆発四散したバートン社の潜水艦を調べていたスペンサーは、その残骸の中に驚くべき古代生物の痕跡を発見する。それは太古の巨大ザメ "メガロドン" の歯。続けてスペンサーの目の前に、かつて両親を葬ったメガロドンが出現。暗い深海の果てで、ついに宿敵と対峙したスペンサーは……。

解説

　メガロドン物のサメ映画がささやかなブームと化していた00年代初頭を象徴するかのごとき作品が、この『シャーク・ハンター』だ。なお『ジョーズ・リターンズ』のエンツォ・G・カステラッリが、1979年に『IL CACCIATORE DI SQUALI』、あるいは別題で『THE SHARK HUNTER』という同名の作品を製作しているため、混同しない

ように注意しておきたい。

　主演はアントニオ・サバト・Jr.。プライベートでは政治や宗教が絡んだゴシップが多い人物だ。

　また脇役とはいえ『ダイ・ハード』(1988)、『デモリションマン』(1993)、『ストリートファイター』(1994) に出演したグランド・L・ブッシュが登場している。

　本作のメガロドンはただただ強い。あらゆるサメ映画のセオリーを一蹴し、ひたすらその巨体を生かして調査用潜水艇を襲い続けると、そのままクライマックスまで主要人物をほぼ一方的に蹂躙するという、パニック映画にあるまじき掟破りの魔物である。決してラストまで逆転劇を許さず、あくまでただ黙々と主要人物を処理していく、その単純明快なるサメの力強さはかえって魅力的だ。

　またサメ映画らしからぬ陰鬱なラストも面白い。少年時代のフラッシュバックを交えつつ、両親の仇に対し捨て身の戦いを挑む主人公の姿には、並々ならぬ悲壮感が漂っていた。

　ただし、一本の映像作品としては色々と難も多い。まず枝葉末節のシーンにやたらと長尺を割いているがゆえに、総じてテンポが悪い点。本編の冒頭から、幼い頃の主人公を撮影したホームビデオをただただ何分も垂れ流している辺りなど、その最たる例だろう。その他およそ水中とは思えないほどに安っぽい海底のセットや、あまりの明度の低さのためにメガロドンのディテールを把握し辛い映像面についてはいささか見過ごし難い。

　とはいえ00年代前半におけるメガロドン物の中では、のちの『ブルーサヴェージ』に次いで面白いサメ映画かと思われる。古今東西のサメ映画を探し求める"シャーク・ハンター"は一度観ておくべきだろう。

シャークアタック三部作の第三部

ディープ・ライジング コンクエスト

DATA

原題・別題
SHARK ATTACK 3: MEGALODON

製作国
アメリカ
100分／COLOR

監督
デヴィッド・ワース

製作総指揮
アヴィ・ラーナー／ダニー・ディムポート／トレヴァー・ショート

製作
ダニー・ラーナー／ボアズ・デヴィッドソン

脚本
スコット・ディヴァイン／ウィリアム・フック

撮影
デヴィッド・ワース

音楽
ビル・ワンデル

出演
ジョン・バロウマン／ジェニファー・マクシェーン／ライアン・カトロナ／ジョージ・スタンチェフ／ハリー・アニクキン／ニコライ・ソティロフ

SHARK LEVEL

恐怖度
★

オススメ度
★★★

トンデモ度
★★★

STORY

メキシコのリゾート地で、ライフセーバーとして働いていたベン。ある日、彼は海底ケーブルに突き刺さっていた、サメの歯と思しき品をふと回収する。

ところがベンが見つけた品は、今から数百万年前に絶滅した巨大ザメ、メガロドンの歯だった。リゾートビーチに顔の利く大企業エイペックス社の敷設した海底ケーブルが漏電していたことで、前人未到の海溝から引き寄せられてしまったメガロドンが、電磁波に引き寄せられてこのメキシコにまで姿を現したのである。さらにはエイペックス社が、海底ケーブルの不備と人食いザメの脅威を認識した上で、隠蔽工作を行っていたことまで発覚。

事態を重く見たベンは、彼が師と仰ぐ元エイペックス社員のチャックや、はるばるサンディエゴ水族館から来た古生物学者のキャットと共に、メガロドンとの対決に乗り出す……。

解説

その悪名から、シャークアタックシリーズの中では一際高い知名度を誇る最終作が、この『ディープ・ライジング コンクエスト』だ。主演のジョン・バロウマンがインタビューで「本作にはただ金のために出演した」とあえて公言した辺りから、その出来栄えが察せられよう。

そのジョン・バロウマンは本作の公開から数年後、テレビドラマシリーズの『ドクター・フー』(1963-) 並びに『秘密情報部トーチウッド』(2006-2011) のジャック・ハークネス役でブレイクすることになる。

また、一作目とは別キャラクター役で本シリーズ二度目

の出演となる、ジェニファー・マクシェーンがヒロインを務めている。

　本作が製作された00年代初頭には、『シャーク・ハンター』や『メガロドン』に代表されるメガロドン物のサメ映画が、立て続けに公開されていた。しかし深海アドベンチャー的側面の強い上記の二作品とは異なり、本作はリゾート地を舞台としたオーソドックスなモンスター・パニック物だという点で、そのイメージは大きく違っている。

　脚本面では良くも悪くも月並みだ。ライフセーバーに古生物学者、欲深き有力者という主要人物のキャラクター造形は没個性的ながら、その務めは果たしている。ストーリーラインに特筆すべき点は見当たらないが、まずまず無難に仕上がっているとは言えよう。

　本作の課題は映像面にある。まず本作は前作『シャークアタック』と『ディープ・ライジング』で既出のフッテージを三度再利用している。そのため画面上に映るメガロドンは、軒並みホホジロザメである。さらには同じフッテージを、本編内すなわち同一作品内で立て続けに使い回している上、果てはそのフッテージにクロマキー合成で人と船の切り抜きを重ねている。過去作と同じくサメの模型を使用しているシーンも散見されるが、その際やたらとカット割りが細かく、かつ多量の水飛沫と血糊が画面上に被さってくるため、とてもまともに見られたものではない。

　もっとも、その質の悪さこそが逆に、本作の真骨頂だと言えなくもないだろう。特にクライマックスでの、大きく口を開いたフッテージのサメに向かって、あからさまにクロマキー合成された悪役がそのまま自ら飲み込まれていく様は必見だ。

　少々癪に障るが、いわゆる "So bad it's good." を体現したかのような魅力を持つヌー・イメージ製サメ映画である。

　というわけでシャークアタック三部作だが、サスペンス物寄りの一作目、アニマル・パニック物寄りの二作目、モンスター・パニック物寄りの三作目と、それぞれ違ったスタイルに挑戦している。その心意気は評価しておきたい。

カルカロクレス・メガロドン

メガロドン

DATA

原題・別題
MEGALODON

製作国
アメリカ
92分／COLOR

監督
ゲイリー・J・タニクリフ／
パット・コービット

製作総指揮
ジョン・フレムス

製作
パット・コービット／スタ
ンリー・アイザックス

脚本
ゲイリー・J・タニクリフ／
スタンリー・アイザックス

撮影
ティモシー・ハウセル

音楽
トニー・フェネル

出演
マーク・シェパード／ロビ
ン・サックス／アル・サピ
エンザ／ジェニファー・サ
マーフェルド／エヴァン・
ミランド／リーアン・リト
レル

SHARK LEVEL

恐怖度
★

オススメ度
★★

トンデモ度
★★★

STORY

　大企業ネクセコン石油がグリーンランド沖に新造した海洋掘削施設コロッソス。前人未到の深度にまで達するというそのリグ（掘削装置）が、自然環境に与える影響を懸念する者は、決して少なくはなかった。そこでTVレポーターのクリスティンと、カメラマンのジェイクは、ネクセコン石油のCEOピーター・ブレイジアに取材を申し込む。

　利己的な拝金主義者のイメージに反して、実は自ら率先して環境問題に向き合い、その折り合いの中で天然資源を追求していたピーター。だが彼のポリシーと、事前に万全を期したというコロッソスの安全性も空しく、クリスティンとジェイクが訪れた施設内では立て続けに緊急事態が発生。リグの吸入ラインから侵入した古代魚が職員を襲ったかと思えば、北極圏の海底に謎の空洞が見つかり、続けてあの巨大ザメメガロドンまでもが姿を現したのだ。

　ピーターの思いとは裏腹に、大自然の脅威はコロッソスを襲うが……。

解説

　さて2002年『ディープ・ライジング コンクエスト』に続いて登場した、メガロドン物のサメ映画こそがズバリ『メガロドン』（原題：『MEGALODON』）だ。2018年にも『MEGALODON ザ・メガロドン』（原題：『MEGALODON』）という、これまたやたらと紛らわしいタイトルのサメ映画が公開されているので注意していただきたい。「サメ映画の『メガロドン』と『ザ・メガロドン』は双方『MEGALODON』だが完全に別物」というわけだ。

　監督、共同脚本、SFXのゲイリー・J・タニクリフは、元々特殊効果が専門で、その道ではゆうに100を超える映

像作品に携わってきた人物だ。その中には『キャンディマン』(1992)と『ワナオトコ』(2009)、そして『ブラッディ・バレンタイン3D』(2009)などの良作スラッシャー映画も多数含まれている。

キャストとしては、のちにテレビドラマシリーズの『SUPERNATURAL スーパーナチュラル』(2005-2019)で悪魔クラウリーを演じるマーク・シェパードが出演している。

本作の特徴はその驚くべき出足の遅さだ。ストレートに"メガロドン"の名を標榜しておきながら、そのメガロドンが作中で姿を現すのは、本編がおよそ50分を過ぎた後半に至ってから。

ランニングタイムは92分、そのうちオープニングの3分はメガロドンの歯の化石を、延々スローで回転させ続ける手抜きじみたもので、かつ12分に及ぶ長尺のエンドクレジットを差し引くと、その活躍はあまりに少ない。

そもそも前半までは、海洋掘削施設を訪れたテレビクルーと職員の深海探索アドベンチャーという形で物語が進むため、その流れを遮り唐突に登場するメガロドンの存在にはむしろ異物感さえ漂っている。とにもかくにも後半からは一転してメガロドンが大立ち回りを演じるようになるわけだが、それならば前半の内からアドベンチャー物かまたはパニック物か、どちらか一方にテーマを絞ってほしかったところだ。

映像面の出来栄えにはムラを感じる。海洋掘削施設の遠景と、発光する深海生物の造形はそう悪くもない反面、クライマックスで爆発四散したメガロドンが、たちまち画面内から消失するシーンなどは噴飯物だ。とはいえ本作は00年代の低予算サメ映画であり、今の水準と照らし合わせて、あまり多くを求めるのも酷ではあるだろう。

総評としてはジェームズ・キャメロン監督の『アビス』(1989)に『MEG』と『ディープ・ブルー』を足した上で、小規模にグレードを落としたかのようなサメ映画である。

プロレタリア・シャーキング・パニック！

レッド・ウォーター サメ地獄

DATA

原題・別題
RED WATER

製作国
アメリカ
92分／COLOR

監督
チャールズ・ロバート・カーナー

製作総指揮
チャールズ・ロバート・カーナー／J・D・フェイゲルソン／マイケル・G・ラーキン

製作
ミッチ・エンゲル

脚本
J・D・フェイゲルソン／クリス・マック

撮影
マイケル・ゴイ

音楽
ルイス・フェブレ／ドミニク・メッシンジャー

出演
ルー・ダイアモンド・フィリップス／クーリオ／ロブ・ボルティン／クリスティ・スワンソン

SHARK LEVEL

恐怖度
★

オススメ度
★★★

トンデモ度
★★★

STORY

アメリカ合衆国ルイジアナ州アチャファラヤ川の国立自然保護地区内。大企業ディスカバリー社が石油採掘を行う最中、人知れず1匹のオオメジロザメが出現。手始めに近くのベレエ湖で観光客を襲ったサメはそのまま行方をくらましてしまったため、たちまち地元民はサメの恐怖に怯えることとなった。

一方、石油採掘技師として優れた腕前を持つジョンのもとに、ディスカバリー社に勤める元妻ケリーから、難航する作業のサポートを求める依頼が届く。過去に石油採掘中の不手際で仲間を死なせてしまったトラウマを抱えているジョンだが、経済的事情や親友エメリーの励ましで、改めてケリーと行動を共にすることに。

だが今まさにそのディスカバリー社が駐在しているエリアの川底には、ギャングの構成員が、仲間を裏切り秘匿した大金が眠っていた。

ジョンを含むディスカバリー社の一行に、金品の回収に現れたギャング、そして血に飢えた人食いザメが、時を同じくしてリグの周りに集結してしまい……。

解説

日本国内での地上波放送時に"赤色ジョーズ革命"、"鮫・工・船"、"プロレタリア・シャーキング・パニック！"などのキャッチコピーを掲げていたサメ映画が、この『レッド・ウォーター サメ地獄』だ。

主演はビッグ・バジェットから低予算映画まで製作規模を選ばず活躍しているルー・ダイアモンド・フィリップス。

ヒロインはのちに『フライング・ジョーズ』に出演するクリスティ・スワンソンだ。

また俳優、ラッパー、ミュージシャンとして活動中の
クーリオも、血の気の多いギャングの構成員として登場し
ている。

　本作は石油採掘を目的としてアチャファラヤ川を訪れた
ディスカバリー社の面々と、川底に沈んだ大金の回収を狙
うギャングがリグの近くで遭遇してしまったことに端を発
する、アクション映画じみたプロットが主軸のサメ映画で
ある。

　本作のオオメジロザメは出番こそそれなりに多く、ツ
アーガイドを丸呑みにするシーンに代表される見せ場もい
くつか用意されてはいるものの、クライマックスまでさほ
ど本筋に関わってこないため、思いのほか影が薄い。どち
らかというと川に落ちてしまった主要人物を淡々と物語か
ら退場させるための、いわゆる舞台装置として機能してい
るようなきらいがある。そのためパニック映画らしい主役
としてのサメの活躍は数少ない。

　ただし主人公とギャングが燃え盛る炎の中で繰り広げる
攻防は、サメの不足を補って余りある見応え。ディスカバ
リー社の一行を襲う3人のギャングは皆個性派で作品を
彩っている。序盤に登場する先住民の描写が、結局その後
の展開に関わってこなかったのは拍子抜けだが、総合的に
は悪くない。また冒頭の伏線を生かしつつ盛大にサメを退
治せしめるラストに関しては、パニック映画寄りの見所と
してしっかり作り込まれている。

　副題の"サメ地獄"は誇張表現としか言いようがないに
せよ、その出来栄えは一定水準に達している"プロレタリ
ア・シャーキング・パニック！"だろう。

　余談だが、川に潜ったギャングが水没した車を調べる
シーンで"007-o-981"という番号のナンバープレートが画
面内に映る。この数字は『ディープ・ブルー』と同じく、
かの初代『ジョーズ』でイタチザメの腹から取り出された
ナンバープレートと同じ番号である。

2003年

無個性のサメ映画

ディープシャーク

STORY

　1712年6月8日。バルセロナを出港したスペインの商船サンタクルス号は、激しい嵐の中で沈没。スペイン王朝のダイヤモンドと共に深海に沈んだという。

　そのサンタクルス号が沈んだ海域で、スキューバダイビングのガイドを行っていたジミーは、人食いザメの群れと遭遇。かろうじて助かったジミーだが、彼が慕っていたダイバーの父と観光客が、ホホジロザメに襲われて命を落としてしまった。

　それから10年後。ジミーはライフセーバーとして海を守りつつ、近海に潜むサメの脅威を町に訴えていた。同じ頃、財政破綻に追い詰められていた市長のもとを、ボルコフなる実業家が訪問。ボルコフは町で行われるサマーフェスティバルの費用をすべて負担する代わりに、今やジミーのみぞ知る、沈没船の海域まで自らを案内するよう交換条件を出す。

　かつてのトラウマに苛まれているがゆえに、市長とボルコフの要望を断ってしまったジミー。だが、ついにビーチにまで姿を現したホホジロザメや、ダイヤモンドを狙って本性を露わにしたボルコフが、相次いで彼を襲い……。

解説

　ヌー・イメージ製サメ映画の中では、極めて没個性的で特徴に乏しいサメ映画が、この『ディープシャーク』だ。

　監督、原案はダニー・ラーナー。製作総指揮にはアヴィ・ラーナー、ダニー・ディムボート、トレヴァー・ショートという、遡ること1992年にヌー・イメージ社を設立した面々の名が並んでいる。

　本作は一山いくらに過ぎないサメ映画のステレオタイプ

DATA

原題・別題
SHARK ZONE／JURASSIC SHARK

製作国
アメリカ／ブルガリア
91分／COLOR

監督
ダニー・ラーナー

原案
ダニー・ラーナー

製作総指揮
アヴィ・ラーナー／ダニー・ディムボート／トレヴァー・ショート

製作
ボアズ・デヴィッドソン／デヴィッド・ヴァロッド

脚本
サム・パリッシュ

撮影
エミール・トブゾフ

音楽
サージ・コルバート

出演
ディーン・コクラン／アラン・オースティン／ブランディ・シャーウッド／ヴェリザール・ビネヴ

SHARK LEVEL

恐怖度
★

オススメ度
★★

トンデモ度
★★

である。

　サメの脅威を訴える主人公に、経済的事情を優先する有力者という、代わり映えしないキャラクター性の主要人物は言わずもがな。サメの襲撃シーンでは相も変わらず細かいカット割りに頼り、やはりチープなサメの模型と、シャークアタックシリーズで使用したフッテージの再利用で演出面を誤魔化している。

　ヌー・イメージ作品の強みとして知られるアクション要素も、本作にはほぼ見当たらず、かろうじてクライマックスに主人公とギャングが小競り合いを演じる程度。脚本面では、大別して前半が人食いザメを主軸にしたアニマル・パニック物、後半がスペイン王朝の財宝を狙うギャングを主軸にしたクライム・アクション物と、二部構成じみた作りが特徴ではある。しかしながら前半で初代『ジョーズ』の焼き直しのような物語を長々と進めておいて、後半から一転人食いザメなど蚊帳の外でギャングとの戦いに移るため、かえってそのまとまりのなさが目に余る。

　ただ一点、主人公の妻が悪夢の中で人食いザメに襲われるシーンについてのみ、その血しぶきの量と場違いな残酷表現の激しさから、少しばかり印象に残るところではあるだろう。

　総評としては、無個性の一語に尽きよう。

オープン・ウォーターシリーズの一作目

オープン・ウォーター

DATA

原題・別題
OPEN WATER

製作国
アメリカ

79分／COLOR

監督
クリス・ケンティス

製作
ローラ・ラウ

脚本
クリス・ケンティス

撮影
クリス・ケンティス／ローラ・ラウ

音楽
グレーム・レヴェル

出演
ブランチャード・ライアン／ダニエル・トラヴィス

SHARK LEVEL

恐怖度
★★★★

オススメ度
★★★★★

トンデモ度
★

STORY

　身辺多忙の日々を送っていたダニエルとスーザンの夫婦は、スケジュールの合間を縫ってカリブ海のダイビングツアーに参加する。

　2人1組でスキューバダイビングを行っていたダニエルとスーザンだが、ツアー客の起こしたトラブルに、ガイドのケアレスミスとダブルチェックの不徹底、2人が集合時間に遅れたことが重なってアクシデントが発生。なんとダニエルとスーザンを大海原に置き去りにして、ダイビングボートが去ってしまったのだ。

　ただ広い海を漂うばかりの恐ろしさ、潮の流れに冷えと飢え、さらには極限状況下で露わになる夫婦仲の不和から、心身共に消耗していく2人。

　そして追い詰められたダニエルとスーザンの前に、ついにはサメまでもが姿を現す……。

解説

　2004年のサンダンス映画祭から広がった、1998年の海難事故をモデルにしたヒット作のサメ映画が、この『オープン・ウォーター』だ。本作は海洋スリラー物だが、人食いザメが物語上の大きい役割を持っている点、そして『ザ・シャーク』と同様にサメ映画として世間的に認識されてしまっている点を考慮して、本書ではサメ映画の枠組みで紹介する。

　監督、脚本、撮影はクリス・ケンティス。製作、撮影はローラ・ラウ。2人は『グラインド』(1996)から『サイレント・ハウス』(2011)まで共に映像製作を行った夫婦である。ちなみに、本作の撮影では本物のサメを使用している。

　本作はダイビングツアー中に取り残されてしまった主人

ダイビングツアー中に取り残されてしまった主人公夫婦の前にサメが姿を現す

公夫婦の恐怖と絶望を、視聴者が段階的に追体験する映像作品である。ドキュメンタリー映画めいて淡々とした話運びとやや粗い画質ゆえの生々しさ、無機質に現在時刻を表示するテロップがその感情移入の手助けをしている。加えてサメの襲撃には抗う術を持たず、ただその動向に怯えながらも大海原を漂うことしか許されない、舞台設定の無力感は素晴らしい。

　脚本面では、ごく小さなトラブルが立て続けに発生し、やがて大きなアクシデントに至るまでの伏線の張り方、展開の積み重ね方が目立たないながらも秀逸だ。

　ただし一方で、海洋スリラー物として臨場感並びに現実感を追求した作りであるがゆえに、画面上での動きの少なさ、視覚的変化の乏しさが生じている。そもそも作品コンセプト上、ほぼ不可避の課題には違いないが、それゆえに好みの分かれる点ではあるだろう。

　とはいえその出来栄えは図抜けている。カタルシスとは無縁のリアリティーが、本作の短所であり唯一無二の長所だ。

ジョーズ・オリジン

ジョーズ 恐怖の12日間

DATA

原題・別題
12 DAYS OF TERROR

製作国
アメリカ

90分/COLOR

監督
ジャック・ショルダー

原案
リチャード・G・フェルニコラ

製作
デニス・スチュアート・マーフィ

脚本
ジェフリー・ライナー/トミー・リー・ウォーレス

撮影
ジャック・ヘイトキン

音楽
J・ピーター・ロビンソン

出演
コリン・エッグレスフィールド/ジョン・リス=デイヴィス/エイドリアン・ギャレイ/ジェイミー・バートレット/マーク・デクスター/ジェナ・ハリソン

SHARK LEVEL

恐怖度
★★★

オススメ度
★★★

トンデモ度
★★

STORY

　1916年7月1日。ニュージャージー州の海で泳いでいた観光客が、突如として重傷を負い失血死するという事件が発生。犠牲者の足には、まるでサメに襲われたかのような噛み跡が残されていた。現場に居合わせていたライフセーバーのアレックスは、市長と水産委員、そしてホテルの支配人にビーチの閉鎖を進言するが、誰も彼の言葉に耳を貸そうとはせず、海洋生物学者すら、稀に見る例ゆえ同じ出来事はそう続かないと断言する始末。だが6日後、再び現れたサメは、彼らを嘲笑うかのごとく年若いアレックスの後輩を殺害する。

　その後もサメの襲撃は続き、わずか12日間で5人もの死傷者を出すに至った"ニュージャージーサメ襲撃事件"。この事件で命を落とした者の中には、まだ幼い子どもや、結婚が間近に控えていたアレックスの親友スタンリーまでもが含まれていた。度重なる凶事に終止符を打つべく、アレックスはサメの始末を決断。地元の漁師と海洋生物学者、はるばる遠方から来たアニマル・ハンターの協力を得て、かの忌まわしきホホジロザメと対峙する……。

解説

　かの初代『ジョーズ』がモデルにしたニュージャージーサメ襲撃事件をベースに、改めて史実に近い形で描いたサメ映画が、この『ジョーズ 恐怖の12日間』だ。なお本作には、リチャード・G・フェルニコラが執筆した同名の原作小説が存在する。

　監督は『エルム街の悪夢2 フレディの復讐』（1985）や『ヒドゥン』（1987）のジャック・ショルダー。そして共同脚本の1人は、『ハロウィンⅢ』（1982）と『IT/イット』（1990）のト

ミー・リー・ウォーレスだ。

　キャストとしてはインディ・ジョーンズシリーズのサラー、あるいはロード・オブ・ザ・リングシリーズのギムリとして知られているジョン・リス＝デイヴィスが出演。ホホジロザメと戦う主人公に味方しながらも、その騒ぎに乗じた詐欺まがいの見世物で小銭を稼ぐ、したたかな漁師の役を演じている。

　本作は史実をベースにした作りであるがゆえ、いわゆるモンスター・パニック物めいた盛り上がりには乏しいサメ映画である。

　一方で、犠牲者の多くが咬傷で失血死しているという点は面白い。確かに本作のホホジロザメは狙った主要人物を頭から丸呑みにしたり、体中を嚙み砕いたり、スプラッター映画めいて爆発四散せしめるようなことはない。本作の犠牲者はおおむね、ただ傷口からとめどなく血を流し、しかしながらかろうじて人食いザメを振り切り岸までは辿り着くものの、その出血の激しさから手当てが間に合わない。そしてそのまま土気色の顔で静かに息を引き取る、という実に生々しいシークエンスで退場していく。だからこそ、少しばかり見栄えが控えめだろうとも、その史実と地続きの恐ろしさが本作の独自性として成立している。

　脚本面はまずまずの水準。ただし主人公の三角関係を前半からフォーカスしていた割には、後半でヒロインがほぼラストまでフェードアウトしていた点はやや釈然としない。

　また映像面の出来栄えはあまり良いとは言えないが、必要最低限の質は保たれている。その他、総じて及第点には達していると見て構わないだろう。総評としては、いぶし銀めいたサメ映画だと評しておきたい。

　ところで、本作とそのモデルのニュージャージーサメ襲撃事件では、ホホジロザメが人食いザメだとされている。が、「真犯人はときに淡水域にまで侵入するオオメジロザメだ」、あるいは「複数匹の異なる種のサメが、同時期にそれぞれニュージャージー州で人を襲っていたのだ」とする説の方が、2020年の現時点では有力視されているようだ。

2004年

サメ映画のアウトバーン

ブルーサヴェージ

STORY

　スペインのマヨルカ島で、一人娘のマーヤと暮らしていたスヴェン。

　愛する妻を失ってから鬱屈した人生を送っていた彼だが、島を訪れた微生物学者ジュリアと知り合った日を境に、やがて新たな恋に目覚めていく。

　時を同じくしてマヨルカ島では、突如として現れた謎の巨大生物が、密かに地元民を襲っていた。現場に遺された手掛かりは、並々ならぬ大きさを誇る、サメと思しき巨大生物の歯。そしてその歯の所有者は、太古の昔に絶滅した巨大ザメ "カルカロドン・メガロドン" だった。

　さらにはそのメガロドンこそが、かつて妻を殺した仇だと悟ったスヴェン。彼は復讐心と、必ずやマーヤを守らんとする家族愛から、ジュリアと共に巨大ザメに挑む。

　が、一連の騒動には、メガロドンの秘匿を企む組織集団の影が見え隠れしており……。

解説

　かの "アクション・コンセプト社" が製作に関わったメガロドン物のサメ映画が、この『ブルーサヴェージ』だ。特にアクションとカースタントを得意とするアクション・コンセプト社は、日本国内で根強い人気を誇るドイツのテレビドラマシリーズ『アウトバーン・コップ』もとい『アラーム・フォー・コブラ11』(1996-) の製作スタジオとして知られている。

　主演はラルフ・モーラー。『サイボーグ』(1989)、『ユニバーサル・ソルジャー』(1992)、『スコーピオン・キング』(2002) などのアクション映画に、脇役ながら出演している人物だ。

DATA

原題・別題
HAI-ALARM AUF MALLORCA／SHARK ATTACK: TERROR IN THE MEDITERRANEAN／SHARK ATTACK IN THE MEDITERRANEAN／ブルーサヴェージ 巨大ザメ来襲

製作国
ドイツ
110分／COLOR

監督
ヨルゴ・パパヴァッシリュー

製作
ヘルマン・ヨハ

編集
ダニエラ・ボーヴァイス

脚本
ヨルグ・アルバート／ローラント・ヒーブ／フランク・コープマン／ドン・シューベルト

撮影
イヴォンヌ・トラッツ

音楽
ケイ・スケラ

出演
ラルフ・モーラー／カーステン・スペングマン／ユリア・スティンスホフ／オトフリート・フィッシャー／カティ・カレンバウアー／ジャネット・ビーダーマン

SHARK LEVEL

恐怖度
★

オススメ度
★★★

トンデモ度
★★★

作中では主人公が『激突！』(1971) さながら大型トラックとカーチェイスを繰り広げるシーンや『ミニミニ大作戦』(1969) のごとく小型車で市街地を走り抜けるシーンが盛り込まれている。

　加えて本作、前半はいわゆるサメ映画として比較的シリアスに話が進むものの、本編のなかばから出し抜けにコメディリリーフ役が現れジョークを飛ばし始めるわ、主人公が武装した組織集団と激しいアクションを行うわ、さらに後半ではドイツのマルチタレントとして知られるジャネット・ビーダーマンが『69』というポップソングを話の合間に歌うわ、とにかくその方向性が二転三転して定まらない。

　ただしジョークにせよ、ポップソングにせよ、そしてアクション・コンセプト社が誇るカーアクションにせよ、その出来栄えは悪くない。むしろ趣向を凝らした展開の数々が矢継ぎ早に迫ってくるため、細かいことを抜きにするならば、長所に事欠かないサメ映画ではあるだろう。

　とはいえ裏を返せば、そのまとまりのなさが短所ではある。冒頭でさも意味深に語られながらも、その存在がさほど本編に役立っていなかった、サントロ・グラーベの悲しい恋の伝説に関するくだりに、本作の場当たり的な傾向は顕著だ。

　一本の映像作品としての完成度には疑問が残るが、鑑賞後の満足度は高いサメ映画だ。良かれ悪しかれ、その姿はまさにアクション・コンセプト社の名を体現しているだろう。

UFO製サメ映画

生体兵器アトミックジョーズ

DATA

原題・別題
BLUE DEMON

製作国
アメリカ
89分／COLOR

監督
ダニエル・グロドニック

製作総指揮
ロバート・スヌーカル／
ジェフ・ビーチ／パット・
ウィリアムズ

製作
ダニエル・グロドニック

脚本
ダニエル・グロドニック／
ブレット・トンプソン／リ
サ・モートン／ロン・オリ
バー

撮影
パット・ウィリアムズ

音楽
クリストファー・ファレル

出演
ディディー・ファイファー
／ランドール・バティンコ
フ／ジョシュ・ハモンド／
ダニー・ウッドバーン／
ジェフ・フェイヒー

SHARK LEVEL

恐怖度
★

オススメ度
★★

トンデモ度
★★★

STORY

　政府管理下のアクロ海洋研究所では、6匹のホホジロザ
メに遺伝子操作を施し、軍事的に運用せんとする "青い悪
魔" 計画が行われていた。

　ところが施設内から6匹のサメが脱走。長らく "青い悪
魔" 計画に関わってきたネイサンとマーラのコリンズ夫妻
は、沿岸警備隊に事の詳細を打ち明けるよう要請。だがプ
ロジェクトを監督する任に就いていたレモラ将軍は、あく
まで機密保持を優先。加えてネイサンを不当に取り押さえ
た上で、事態の口封じを図る。

　それぞれの思惑が交差する中で、依然として暴走を続け
る6匹のサメ。そしてその裏では、ネイサンとマーラの与
り知らぬ極秘事項が着実に進んでおり……。

解説

　かのユニファイド・フィルム・オーガニゼーションこと
UFOが、マーラ・ガーデンズ・カンパニーと合同で作り
上げたサメ映画が、この『生体兵器アトミックジョーズ』
だ。ちなみにUFOは、特に低予算映画で知られた製作ス
タジオである。

　監督、製作、共同脚本のダニエル・グロドニックは、か
のカルト映画『ニンジャリアン』(1979)で製作と共同脚本を
務めた人物だ。

　キャストとしては『プラネット・テラー in グラインド
ハウス』(2007)でJ.T.を演じたジェフ・フェイヒーと、
『ティーンエイジ・ミュータント・ニンジャ・タートルズ』
(2014)でスプリンターを演じたダニー・ウッドバーンの名
が目立っている。

　本作は一昔前のアクション映画の文法に則った、いわゆ

る "B級映画" の呼称が相応しいサメ映画である。主人公夫妻は離婚調停中ながら互いに未練を感じており、悪役は葉巻をくわえて威風堂々と佇む軍部の愛国者だというステレオタイプ。その悪役ことレモラ将軍の初登場時には、場の雰囲気にそぐわない行進曲がコメディチックに流れ始める。そして本作には、主人公夫妻とは馬が合わないコメディリリーフ役の上司が登場する。彼は一見して三枚目めいているが、その実クライマックスでは主人公夫妻を差し置いて単身レモラ将軍と対峙するわ、彼に対して決め台詞と共に引導を渡すわ、脇役とは思えない大立ち回りを演じている。その采配は逆に釈然としない。

　ちなみに本作、サメの襲撃シーンに関しては極めて質が悪い。サメの出番自体が少ない上に、画面上には背ビレが映るばかりで迫力に乏しく、総じて映像面は貧相だ。かつ本作のサメは設定上、遺伝子操作で力を得た生体兵器だとされているのに、作中ではそのうちの1匹が端役の漁師の手にかかり、いとも容易く駆除されてしまう。ゆえに、モンスター・パニック物のサメ映画としての魅力はほぼ欠落した作りだ。

　コメディ色の強さとテンポの悪さ、その大衆娯楽的ジャンク感が目を引くサメ映画である。すなわち、あまり面白い作品だとは言い難い。

ボーイ・ミーツ・シャーク

ブルーサヴェージ セカンドインパクト

STORY

　フロリダ州シーガルビーチ。女子大生のダニエルは、コロラド州でボランティア活動に励むと両親に偽り、春休みにそのリゾート地を訪れる。少し大人びた親友からの誘いに加え、現地の海洋研究所で働く兄チャーリーを慕う思い、そして厳しい父に対する反発心が、彼女をささやかなアバンチュールに駆り立てたのだ。

　毎晩のようにパーティーが続く海辺の観光地で、シェーンなる青年と知り合ったダニエル。このシーガルビーチにはそぐわない純朴な2人は、やがて互いの心を通わせていく。

　だがこのリゾート地の沖合では、人知れずサメが大量発生していた。また何者かが密かに行った撒き餌に誘われ、無数の人食いザメの群れが浜辺に押し寄せることに。

　サメの襲撃をいち早く察知したダニエルとチャーリー、シェーンの3人は、事態の収拾を図り行動を開始するが……。

解説

　邦題に"ブルーサヴェージ"の名を冠するサメ映画が、この『ブルーサヴェージ セカンドインパクト』だ。もちろん『ブルーサヴェージ』とはまったく無関係の作品である。

　キャストとスタッフには、監督のポール・シャピロも含めて、主にテレビドラマシリーズの場で活躍している者が多い。

　というわけで本作だが、驚くべきはランニングタイムの五割から六割に及ぶ青春ドラマの長さだろう。85分という尺の中で、主人公ダニエルと人食いザメが初めて接触するくだりは、本編が45分を過ぎて後半に入ってから。それ

DATA

原題・別題
DANGEROUS WATER:
SHARK ATTACK／SPRI
NG BREAK SHARK ATT
ACK／ブルーサヴェージ
殺人ザメ異常発生

製作国
アメリカ／南アフリカ
85分／COLOR

監督
ポール・シャピロ

製作総指揮
J・J・ジェイミソン／ダヴィド・ヴィヒト

製作
ピーター・サドウスキー／レスリー・ベルツバーグ

編集
ミッキー・ブライス

脚本
ジェームズ・ラ・ロッサ

撮影
マイケル・ブリアーリー

音楽
ダニー・ラックス

出演
シャノン・ルシオ／ライリー・スミス／ジャスティン・バルドーニ／ビアンカ・リシャンスキー／ジュヌヴィエーヴ・ハワード／ウォーレン・マクアスラン／キャシー・ベイカー／ブライアン・ブラウン

SHARK LEVEL
恐怖度
★
オススメ度
★★
トンデモ度
★★★

シーガルビーチの海を埋め尽くさんとばかりに大量発生した人食いザメの群れ

までの間、ダニエルはサメとは無関係に、恋人シェーンとのラブ・ロマンスを繰り広げている。人食いザメ自体は冒頭から顔出しを行うとはいえ、このあまりに青春ドラマに重きを置いた脚本構成はサメ映画として成り立っていない。

さすがにクライマックスでは、人食いザメの群れをリゾート地から追い払うべく主要人物が奮闘するものの、なればこそ前半の青春ドラマが悪目立ちしている。

ただし、浜辺に打ち上げられた犠牲者の姿と、ラストでサメを追い払った後になお尾を引く大混乱の様の生々しさは、ありふれた青春ドラマに対し非日常的で映えていた。もうひとつ、シーガルビーチの海を埋め尽くさんとばかりに大量発生した人食いザメの群れは圧巻で、それなりに見応えを感じる出来栄えだ。

とはいえ、やはりサメ映画らしからぬ、そしてどうにも煮え切らない物語の方向性はネックだ。日本国内ではなまじ"ブルーサヴェージ"の名を与えられてしまった分、そのギャップが際立っている。

スペースシップと潜水艦のサメ映画
インパクト

DATA

原題・別題
RAGING SHARKS
製作国
アメリカ／ブルガリア
92分／COLOR
監督
ダニー・ラーナー
製作総指揮
アヴィ・ラーナー／ボアズ・デヴィッドソン／ダニー・ディムボート／トレヴァー・ショート
製作
ダニー・ラーナー／デヴィッド・ヴァロッド／レス・ウェルドン
脚本
レス・ウェルドン
撮影
エミール・トプゾフ
音楽
スティーヴン・エドワーズ
出演
コリン・ネメック／ヴァネッサ・エンジェル／コービン・バーンセン／トッド・ジェンセン／エリーズ・ミューラー

SHARK LEVEL

恐怖度
★
オススメ度
★★
トンデモ度
★★★

STORY

　果てしなき銀河の彼方で、地球外生命体が操るスペースシップが、母船と接触事故を起こして大破。その機体から2匹のエイリアンと共に弾き出されたシリンダーは、遠く離れた地球のバミューダ・トライアングルに不時着、そのまま人知れず沈んでいった。

　それから5年後。海底研究所オショナでは、リーダーのマイクと妻のリンダ、そして彼が率いるクルーが、このところバミューダ・トライアングルで強まっているという謎の電磁パルスを捉えていた。加えてクルーが初めてオショナを訪れた日を境に、バミューダ・トライアングルではサメが増加しているという。

　不可解極まりない現象が相次ぐ中、マイクが一時的にオショナを離れていた間に、突如として凶暴化したサメが群れを形成。オショナの補修作業を行っていたクルーを襲い始める。続けてサメがオショナの生命維持装置を機能停止せしめたため、施設内に取り残されたクルーはたちまち窮地に陥ってしまった。

　すぐさまオショナの現状を把握したマイクは、最新型潜水艦パラディソの支援を受けつつ、海洋局調査官ベン・スタイルズと共にクルーの救出作戦に乗り出す。

　一方、凶暴化したサメの体内からは、この地球上には存在しない結晶化した新物質が、多数取り出され……。

解説

　国内盤のジャケットにはサメや宇宙人の姿はなく、ミリタリー物のように映る潜水艦のシルエットしか描かれていないため、一見してその内容を判断するのが難しいサメ映画が、この『インパクト』だ。本作はヌー・イメージ製の

サメ映画ということもあって、クレジットには見知った面子が並んでいる。そして『シャークアタック』から流用したサメの映像素材は依然健在だが、その話は置いておこう。

　主役はコリン・ネメック。特にテレビドラマシリーズの『スターゲイト SG-1』(1997-2007) の、ジョナス・クイン役として知られており、サメ映画には本作のほか『ビーチ・シャーク』に出演している。ほかにはエリーズ・ミューラーが、同じヌー・イメージ製サメ映画の『キラー・シャーク 殺人鮫』で活躍している。

　その邦題が表す通り、本作を鑑賞した者は恐ろしいインパクトを体感するだろう。一見してサメ映画ないし海洋パニック・アクション物めいた佇まいでありながら、その冒頭には近未来的外観のスペースシップが登場するのだ。そしてバミューダ・トライアングルに不時着した2匹のエイリアンは、その後ラストまでまったく姿を見せないのである。

　設定上はバミューダ・トライアングルに巣食うサメが、エイリアンの放った新物質に侵され、凶暴化してしまったとのことだが、その肝心要のエイリアンは最初と最後にしか現れず、本筋にも大して関わってこない。その“新物質”を“環境汚染”あるいは“電磁波”、“突然変異”に置き換えようともまったく差し支えない作りとなっている。あえてエイリアンを出す必要性が見当たらない上に、そもそも後半からは物語の焦点が主人公マイクと海洋局調査官ベンの攻防に当てられるため、サメの存在すら添え物じみている。ただし、多量の火薬を用いて海底研究所の崩壊を演出している分、アクション映画としての迫力は及第点に達している。

　なおサメの襲撃シーンはやはりシャークアタックシリーズで使用したフッテージの流用で新鮮味は感じられない。

　サメにスペースシップと潜水艦を掛け合わせた奇抜さは良い線を行っているものの、サメ映画として根本的に地力が足りていない印象だ。

　少なくとも“インパクト”だけは保証しておきたい。

沈黙のサメ映画

キラー・シャーク 殺人鮫

STORY

　マッドサイエンティストのキング博士は、末期ガンを患っていた息子ポールにサメの幹細胞を移植せんとしていた。キング博士の提唱する理論では、彼は優れた新人類"シャークマン"に転生するとのこと。狂気の人体実験は実を結び、シュモクザメの力を得た新人類に生まれ変わったポール。が、キング博士が製造したシャークマンは、優れた知能と水陸両用の肉体を備えていた反面、生殖能力の欠陥と、その凶暴性に課題を残していた。

　その頃、大手製薬会社のIT部門に勤めるトムと、研究開発部門の生物学者アメリアは、突如としてキング博士から送られてきた、不治の病に効く幹細胞のデータを受け取る。現代医学を覆す成果に驚き、慌ててキング博士が住む西太平洋の孤島に飛び立ったトムとアメリア、そして大手製薬会社の面々。

　だがキング博士の狙いは、かつて自分を見放した大手製薬会社に対する復讐と、ポールの元婚約者アメリアをシャークマンの妻に迎えることだった……。

解説

　ヌー・イメージ製サメ映画の異色作が、この『キラー・シャーク 殺人鮫』だ。シュモクザメの頭を持つ新人類"シャークマン"が、本作の主役である。

　監督はマイケル・オブロウィッツ。『沈黙の標的』(2003)に『撃鉄 GEKITETZ ワルシャワの標的』(2003)と、スティーヴン・セガールが主演のアクション映画を撮った人物だ。

　キャストとしては、『ZOMBIO／死霊のしたたり』(1985)の主人公として知られるジェフリー・コムズが、マッドサ

DATA

原題・別題
SHARKMAN／HAMMERHEAD: SHARK FRENZY

製作国
アメリカ
92分／COLOR

監督
マイケル・オブロウィッツ

原案
ケネス・M・バディッシュ／ボアズ・デヴィッドソン

製作総指揮
ダニー・ディムボート／ジョセフ・ローテンシュレイガー／アヴィ・ラーナー／トレヴァー・ショート／アンドレアス・ティースマイヤー／ジョン・トンプソン

製作
ボアズ・デヴィッドソン／ケネス・M・バディッシュ

脚本
モンティ・フェザーストーン／ハワード・ゼムスキー

撮影
エミール・トブゾフ

音楽
ジョン・ディクソン

出演
ウィリアム・フォーサイス／ジェフリー・コムズ／アーサー・ロバーツ／ヴェリザール・ビネヴ／ハンター・タイロ／エリーズ・ミューラー

SHARK LEVEL

恐怖度
★★
オススメ度
★★
トンデモ度
★★★

イエンティストのキング博士役で目立っている。

　そして主演はウィリアム・フォーサイス。彼は『ワンス・アポン・ア・タイム・イン・アメリカ』(1984)、『赤ちゃん泥棒』(1987)、『ウォーターダンス』(1991) などに出演している。

　本作にはシャークマンのフルショットが少ない。作中では主にシャークマンの目、口、頭のクローズアップと、画面上を右から左に高速移動するシャークマンの短いショットを細かいカット割りで並べて襲撃シーンを誤魔化している。ゆえに本作、シャークマンの出番は少なくないが、その活躍をはっきり視覚的に見られるシーンに乏しく、その不足を補う演出力も欠落している。なまじシャークマンという面白いアイデアのクリーチャーを看板に掲げている分、物足りなさは大きい。

　そのシャークマンに代わって本作を盛り上げているのが、主人公のトムである。設定上の彼は、あくまで大手製薬会社のIT部門社員に過ぎない。しかしながらトムは作中で重火器を巧みに操り、徒手空拳で傭兵に負けず劣らずキング博士の私設軍隊と渡り合った末、クライマックスではシャークマンを軽く葬っている。およそ会社員とは思えない一騎当千の古強者ぶりだ。新人類の異名はシャークマンよりもこのトムにこそ相応しい。

　そもそも編集からしておざなりに感じるシャークマンの襲撃シーンに比べて、弾丸と爆風が飛び交うトムの戦闘シーンの方が、明らかに作り込まれている。そのアクション要素の出来栄えは、さすがにヌー・イメージ作品の面目躍如だろう。

　その他、奇形児と臓物が飛び出す本作の残酷表現は少しばかり強めである。その作り自体は上々だが、やはり人を選ぶ点には違いない。

　シャークマンが主役のサメ映画として観た場合30〜40点だが、トムが主役のアクション映画として観た場合60〜70点まで評価が跳ね上がるかと思われる。

ランニングタイム164分のサメ映画

凶悪海域 シャーク・スウォーム

DATA

原題・別題
SHARK SWARM

製作国
アメリカ
164分／COLOR

監督
ジェームズ・A・コントナー

製作
カイル・クラーク／パッツィー・フィッツジェラルド／スティーヴン・ニヴェア

脚本
マシュー・チャーノフ／デヴィッド・ロシアック／スティーヴン・ニヴェア

撮影
デイン・ピーターソン

音楽
ネイサン・ファースト

出演
ダリル・ハンナ／ジョン・シュナイダー／アーマンド・アサンテ／F・マーレイ・エイブラハム／ジューン・スキップ

SHARK LEVEL

恐怖度
★

オススメ度
★★

トンデモ度
★★★

STORY

アメリカ合衆国カリフォルニア州の港町フルムーンベイを、富裕層向けのリゾート地に再開発せんと目論むラックス。不動産業者の彼は、フルムーンベイの海に産業廃棄物を不法投棄すると、町の沿岸漁業を壊滅的に追い込み、資金繰りに困った権利者から地上げを行うというマッチポンプを密かに続けていたのだ。が、ラックスの狙い通り漁獲高こそ減少したものの、その適応力でフルムーンベイの近海に留まっていたサメは環境汚染で凶暴化し、やがては恐るべき数の群れを作るまでになっていた。

一方で、ラックスの悪巧みをいち早く察知していた漁師のダンと、元海洋生物学者として教鞭を執っていた弟のフィリップ、そして環境保護庁から派遣されてきたエイミーは、愛する町と家、そして美しい海を守るべくそれぞれ行動を開始。

ところがラックスが金で雇った無法者が口封じを図って暗躍するようになり、3人が後手に回っている間に殺人ザメの被害は拡大していく。そしてフルムーンベイの沿岸部は、いつしか無数のサメに埋め尽くされてしまうのだった。

解説

元々は二部構成のテレビ映画として製作されたサメ映画が、この『凶悪海域 シャーク・スウォーム』だ。それゆえ本作はランニングタイム164分という、『海棲獣』に次いで長尺のサメ映画となっている。

監督は『ジョーズ3』で撮影を務めたジェームズ・A・コントナー。

ヒロインは『ブレードランナー』(1982)でレプリカントのプリス、あるいはキル・ビルシリーズで"カリフォルニ

ア・マウンテン・スネーク"を演じたあのダリル・ハンナ。

　主演はテレビドラマシリーズの『爆発！ デューク』（1979-1985）や『ヤング・スーパーマン』（2001-2011）が代表作のジョン・シュナイダーだ。そして悪徳不動産業者のラックス役は、かつて『ゴッチ・ザ・マフィア 武闘派暴力組織』（1996）でプライムタイム・エミー賞主演男優賞を受賞したアーマンド・アサンテである。かつてブロードウェイで活躍し、その後は脇役として多くの映像作品に出演しているジューン・スキップも見逃せない。

　元より前後編ありきの脚本構成ゆえにままならぬ面もあるにせよ、本作の問題点はその長さである。静かなまちでやり手の業突く張りと争いながらも、何らかの外的要因から現れた殺人ザメの脅威を食い止めるべく主人公が奔走するというプロットはパニック映画における定番だが、さすがにその尺が164分ともなると正攻法では間が持たない。よって本作は主人公と不動産業者の対立軸に加えて、主人公の娘とサーファーの青年が織り成す青春ドラマ、主人公の弟が環境保護庁のエージェントと繰り広げるラブ・ロマンス、その他いくつかの脇役を中心としたサブプロットで、足りない尺をどうにか埋め合わせているというわけだ。しかしながら、本来ならば数名で事足りただろう主要人物の頭数を増やし、その個々のエピソードを逐一掘り下げていくことによって間を繋いだ結果、肝心のサメ映画としての魅力がぼやけている。主人公が本格的に殺人ザメの存在を認め、パニック映画らしく事態の収拾を図り始めるまでに、二部構成の前編丸々すべてと後編のいくらかを費やしてしまっているのだ。

　サメの襲撃シーン自体はそれなりの回数が用意されており、安っぽいなりにテレビ映画の水準で見られる出来栄えではあるものの、度を越した尺の長さを覆すほどの見所には至っていない。繰り返しになるが、やはりランニングタイムさえもう少し短ければと思わざるを得ない一本だ。

　ゆうに2時間30分を超す旨は承知の上で、鑑賞を検討するべきだろう。

ヴェネツィアのサメ映画

シャーク・イン・ベニス

STORY

　アメリカ合衆国で教鞭を執っていたフランクスは、彼の敬愛する父がヴェネツィアで消息を絶ったことを知る。聞けばフランクスの父は立入禁止区域を同僚と共に無許可で潜水中、スクリューに巻き込まれたとのこと。しかしながらのちに遺体として見つかった同僚は、まるでサメに襲われたかのごとく見るも無残に損壊していた。遺体の状態に疑念を抱いたフランクスは婚約者ローラとヴェネツィア警察のトッティー警部補を引き連れ、ヴェネツィアで失踪した父の捜索に移る。

　独自に行った調査の末に、フランクスの父はヴェネツィアの海底洞窟に眠るというメディチ家の財宝を追い求めていたことが判明。父を探して海底洞窟に向かったフランクスだが、メディチ家の財宝を狙うマフィアと、水の都に潜む人食いザメが彼を襲う……。

解説

　ヌー・イメージ社がヴェネツィアで撮影したサメ映画が、この『シャーク・イン・ベニス』だ。

　本作は設定上、第8回十字軍の際にメディチ家が略奪してヴェネツィアに持ち帰ったというソロモン王の秘宝を巡る物語となっているが、史実のメディチ家はフィレンツェを統治した一族である。

　主演はスティーヴン・ボールドウィン。あの『ユージュアル・サスペクツ』(1995) のマクマナスとして特に知られている。

　本作のサメはメディチ家の財宝を守る番犬として、ヴェネツィアの立入禁止区域を探索する主人公とマフィアを襲う役割を担っている。だが、マフィアの手にすら余る人食

DATA

原題・別題
SHARK IN VENICE

製作国
アメリカ

97分／COLOR

監督
ダニー・ラーナー

原案
ダニー・ラーナー／レス・ウェルドン

製作総指揮
アヴィ・ラーナー／ダニー・ディムポート／トレヴァー・ショート／デヴィッド・ヴァロッド

製作
レス・ウェルドン

脚本
レス・ウェルドン

撮影
ロス・W・クラークソン

音楽
スティーヴン・エドワーズ

出演
スティーヴン・ボールドウィン／ヴァネッサ・ヨハンソン／ヒルダ・ファン・デル・ミューレン／ジャコモ・ゴンネラ／アッセン・ブラテシキ

SHARK LEVEL

恐怖度
★

オススメ度
★★

トンデモ度
★★★

いザメが、一体いかなる理由から観光都市を平然と遊泳しているのかというと、メディチ家の財宝を狙うマフィアがヴェネツィアの立入禁止区域を守るべく、ペットのサメを番犬代わりに放流したからという本末転倒ぶり。加えて番犬のサメは、マフィアとヴェネツィアの一般市民の方を重点的に襲っている辺り、その見通しの甘さは計り知れない。

　また本作のヴェネツィア警察は、一般市民を襲う人食いザメの存在を認識した上で、観光都市としてのブランドイメージの低下を恐れてサメの存在を隠蔽している始末。そしてクライマックスでは、マフィアを制圧したどさくさに紛れて主人公と共にサメをヴェネツィアに捨て置くという有様だ。その倫理観が欠如した脚本面は評価し難い。

　サメの襲撃シーンは、やはりシャークアタックシリーズで使用したフッテージの再利用とサメの模型で成り立っている。ただし本作、ヌー・イメージ製サメ映画には珍しいことに、少ないながらも新規のCG映像を用いたサメの襲撃シーンが盛り込まれている。

　もうひとつ、主人公とマフィアが繰り広げるアクション要素はまずまずの出来栄えだ。

　とはいえサメ映画として観るならば月並みだろう。あえて言えば、ヴェネツィアの空撮が本作の見所だ。

世にも珍しいミツクリザメ映画

ジョーズ・イン・ツナミ

DATA

原題・別題
MALIBU SHARK ATTACK

製作国
オーストラリア／カナダ
91分／COLOR

監督
デヴィッド・リスター

製作
グラント・ブラッドレー／デイル・ブラッドレー／リチャード・スチュワート／ブライアン・トレンチャード＝スミス

脚本
リンジー・ジェームズ

撮影
ブライアン・ブレーニー

音楽
マイケル・ニールソン

出演
ペータ・ウィルソン／ウォーレン・クリスティー／シャーラン・シモンズ／ソーニャ・サロマ

STORY

　カリフォルニア州マリブの沖合で、海底火山が大爆発。連鎖的に発生した大津波が、アメリカ合衆国西海岸を襲う。大津波に飲み込まれた末に水没した沿岸部では、観光客の避難誘導を行っていたがゆえに逃げ遅れたライフガードと海洋生物学者の面々が、かろうじて倒壊を免れたビーチの監視小屋に取り残されてしまった。

　すべてが海底に沈み、深手を負った者を抱えながらも、しばらくは救助を望めぬ絶望的状況下。愕然とする一同を嘲笑うかのごとく、数百万年前に絶滅したという"ミツクリザメ"の群れが、血の匂いに誘われ監視小屋に集まってくる……。

解説

　希少種として知られる深海魚"ミツクリザメ"の登場するサメ映画が、この『ジョーズ・イン・ツナミ』だ。

　作中では数百万年前に絶滅した人食いザメとして紹介されているミツクリザメだが、少なくとも公開時の2009年から2020年の現時点に至るまで、特にミツクリザメが絶滅したという話は聞いていない。そしてミツクリザメは一般的に人を襲わない深海魚として知られている。さらに本作のミツクリザメは常にその長い顎を展開しているが、本来ならばミツクリザメは捕食時を除くと顎を体内に収めているものである。

　とはいえ本作に限らず、生物学的に正しいサメ映画の方が極めて稀だ。

　主演はテレビドラマシリーズの『ニキータ』（1997-2001）が代表作のペータ・ウィルソン。そしてテレビドラマシリーズの『SUPERNATURAL スーパーナチュラル』（2005-2020）

SHARK LEVEL

恐怖度
★

オススメ度
★★

トンデモ度
★★★

で知られるウォーレン・クリスティーが出演。右肩に日本語で彫られた"ネョラョテ"というタトゥーが印象的だ。

　さて本作だが、サメの出番はそれなりに多い。パラセーリング中の観光客を狙った襲撃シーンや、浸水した床下から飛び出す人食いザメなど、演出面に試行錯誤の痕跡が見受けられるのも好印象だ。ミツクリザメの質感はいささか安っぽいながらもサメ映画の許容範囲には収まっているだろう。主要人物が力を合わせてミツクリザメと戦うクライマックスから、ラストの大団円までの流れはその意外性も含め、まずまず盛り上がっている。

　ただし、わざわざソリッド・シチュエーション・スリラー物めいた舞台設定を採用しておきながら、その作り込みに甘さが見られるのは難点だ。

　アメリカ合衆国沿岸部を沈めた空前絶後の大津波に耐え抜く木造の監視小屋の頑丈さは不可解で、演出的にはブラインドから室内に海水が流れ込んでくる程度。その濁流に飲み込まれてなおロッカーさえ微動だにしないため、少々違和感を覚える。一本の映像作品としてミツクリザメから大津波までそのセールスポイントのすべてをおざなりに描いているようでは、さすがに庇い切れまい。

　総評としては、ミツクリザメの存在が見所の作品だ。

純国産和風サメ映画

ジョーズ・イン・ジャパン

DATA

原題・別題
PSYCHO SHARK

製作国
日本

69分／COLOR

監督
ジョン・ヒジリ

製作
大橋孝史／小林洋一

脚本
村川康敏

撮影
長野泰隆

音楽
垂井隆佳

出演
滝沢乃南／中島愛里／春野恵／奏木純／稲垣実花／中内啓行／いずみ尚

SHARK LEVEL

恐怖度
★★

オススメ度
★

トンデモ度
★★★

STORY

　沖縄を訪れた女子大生のミキと麻衣。ロッジの管理人からビデオカメラをレンタルした2人は、ひと夏のバカンスを満喫していた。そして麻衣は、リゾート地で知り合った青年に淡い恋心を抱く。

　一方でビデオカメラを弄っていたミキは、ロッジに古いビデオテープを発見する。好奇心で再生を試みたミキだが、そのビデオテープには、かつてリゾート地を訪れた若い女が、麻衣が慕っている青年になぶり殺されるまでの一部始終が収められていた。その青年の正体は、ロッジの管理人と結託してスナッフビデオを製作している連続殺人鬼だったのだ。

　すべてを悟ったミキは、麻衣を救うべく駆け出すが……。

解説

　株式会社ジョリー・ロジャーが製作したサメ映画が、この『ジョーズ・イン・ジャパン』だ。

　アクション物、ホラー物、イメージビデオと幅広いジャンルの低予算作品を日本国内で製作していたジョリー・ロジャーだが、2016年に経営破綻してしまった。

　主演は滝沢乃南と中島愛里。2人共に元グラビアアイドルの女優だ。

　実に驚くべきことに、本作にはサメの出番が皆無に近い。作中でサメが画面上に40秒と映らないのだ。その内訳を具体的に説明すると、冒頭で数秒間のみ映るシルエットと、中盤にヒロインが悪夢で見た背ビレ、そしてクライマックスのサメの襲撃シーンである。あくまでシルエットに過ぎない冒頭と、ヒロインが見た悪夢に過ぎない中盤を除くなら、事実上サメの出番はクライマックスで突然姿を

突然姿を現し、問答無用で主要人物を襲うシーン

現し、問答無用で主要人物を襲うシーンのみ。"ジョーズ"の名を冠したタイトルと、ジョーズシリーズに似せたタイトルロゴがあり、サメ映画として人食いザメを強調したジャケットに、裏表紙の解説文では"巨大ジョーズ"の文言を押し出しておきながらもこの体たらくである。

　まず本作、脚本的には明らかにスナッフビデオを撮影する連続殺人鬼のスリラー物として作られており、クライマックスに現れる巨大ザメの唐突感は否めない。中盤に一度、主要人物が巨大生物の登場を示唆する台詞を呟くにせよ、その一言を巨大ザメの伏線と称するにはあまりに弱い。

　巨大ザメの存在を度外視しようとも、若い女が海で遊ぶ様を延々とハンディカムで撮り続けたシーン、トラックの荷台で揺られる様を長回しで収めたシーン、その他総じて情報量の足りない間延びしたシーンで尺が占められており、ひとえに冗長だ。

　散発的にイメージビデオめいて挟まってくる主演女優のサービスショットを除くと、とにかく見所に乏しい一本だ。

　もはやスリラー物として割り切ることすらままならない、虚無的に物語性の薄いサメ映画である。

トンデモ系サメ映画のブレイクスルー

メガ・シャークVSジャイアント・オクトパス

STORY

　アラスカ沖チュトコ海。米軍が行った新型ソナー性能テストの影響で、万年氷の中に眠っていた2匹の古代生物が覚醒してしまった。あのメガロドンに酷似した特徴を備える"メガ・シャーク"と、得体の知れない巨大ダコの"ジャイアント・オクトパス"は、それぞれに世界各地の海域で活動を開始。軍隊の攻撃さえものともせず、人類が築き上げた文明社会をたちまち蹂躙していくのであった。

　一方、偶然2匹が復活する場に居合わせていた海洋生物学者のエマは、メガ・シャークとジャイアント・オクトパスを共にフェロモンで誘導し、相打ちに導くという作戦を決行。ものの見事におびき寄せられた2匹の大怪獣は、エマや米軍を巻き込みつつも、再びアラスカ沖で死闘を繰り広げることとなる……。

解説

　低予算早撮りのテレビ映画にビデオスルー作品、映画業界の話題作のモックバスター作品で特に知られている製作スタジオアサイラム。のちにトンデモ系サメ映画ブームの火付け役として台頭することとなるそのアサイラム社が初めて手掛けたサメ映画が、この『メガ・シャークVSジャイアント・オクトパス』だ。なお、本作の企画自体はアサイラム社と提携している日本国内の映画配給会社アルバトロスが提出したものとのことであり、その件に関してアサイラム社CEOデヴィッド・マイケル・ラットは、「全部キミたちの責任だよ！」とのコメントを日本人向けに残している。

　製作はそのアサイラム社CEOデヴィッド・マイケル・ラット。製作総指揮はラットと並ぶアサイラム創業者のひとり、

DATA

原題・別題
MEGA SHARK VS. GIANT OCTOPUS／メガ・シャークVSジャイアント・オクトパス 巨大生物頂上決戦！

製作国
アメリカ
89分／COLOR

監督
エース・ハンナ

製作総指揮
デヴィッド・リマウイー

製作
デヴィッド・マイケル・ラット

脚本
エース・ハンナ

撮影
アレクサンダー・イェレン

音楽
クリス・ライデンハウア

出演
デボラ・ギブソン／ショーン・ローラー／ロレンツォ・ラマス／ヴィク・チャオ／マーク・ヘングスト／マイケル・テイ／ジョナサン・ネイション

SHARK LEVEL

恐怖度
★

オススメ度
★★

トンデモ度
★★★★

『メガ・シャークVSジャイアント・オクトパス』
DVD 発売中
発売元：アルバトロス株式会社

デヴィッド・リマゥイー。ラットとリマゥイー、そしてアサイラム社COOポール・ベールズの3人が、すべてのアサイラム作品の核となっている。

そして音楽のクリス・ライデンハウアも、長きに渡ってアサイラム社と製作活動を共にしている屋台骨だ。

監督、脚本としてクレジットされているエース・ハンナは、その実ジャック・ペレスという人物の別名義。

キャストとして異彩を放っているのは、デビー・ギブソンもといデボラ・ギブソン。かつてはアメリカの国民的アイドル・シンガーとして名を馳せた彼女が、本作では海洋生物学者の役柄で巨大ザメと戦っているから面白い。

本作の最も素晴らしい点は、従来のサメ映画とは一味違ったメガ・シャークの破天荒ぶりにあるだろう。サメが空高く飛び上がって飛行機を撃墜するシーンや、その怪力で潜水艦をも容易く沈没せしめるシーンなどに代表される、大味ながらも怪獣映画じみた趣向の数々は秀逸だ。今でこそ空飛ぶサメが登場する映像作品などそう珍しくもないが、当時としては極めて革新的で、そのインパクトは計り知れなかったのだ。ゆえに本作こそが、今に続くトンデモ系サメ映画のお

おおまかな方向性を決定づけた、ひとつのターニングポイント
だといっても過言ではないだろう。

　が、上記の山場を除いたその他の点に関しては、おおむね
稚拙な作りだと言わざるを得ない。たとえば序盤のタコの襲
撃シーンなどは、細かいカット割りの多用とカメラの手ブレ
を利用した雰囲気作りに頼りすぎているがあまり、かえって
視認性が悪く、見てくれが煩雑で何が起こっているのか把握
しにくいという欠点を抱えている。またこの時期のアサイラ
ム作品には共通して見られる特徴だが、あらゆるシーンに対
して闇雲に加えられているセピア色の色調補正や、ほぼ同じ
真正面のアングルからしか映らない潜水艦の操縦席も、視
覚的に単調で少々眠気を誘う。本筋の流れ自体はオーソドッ
クスで、主要人物にはそこそこ個性的な面子が揃っているだ
けに、サメとタコが登場しないシークエンスにおける抑揚の
乏しさと、それから会話劇の冗長さだけがただただ残念だ。

　山場の最大瞬間風速はずば抜けている反面、基本的には
低空飛行気味で、トータルではむしろ難点の方が気になる作
品となってくるかもしれない。とはいえ、本作がサメ映画の
歴史を語る上で避けては通れない一本であることは間違いな
いだろう。

DATA

原題・別題
DINOSHARK

製作国
アメリカ

92分／COLOR

監督
ケヴィン・オニール

製作
ロジャー・コーマン／ジュリー・コーマン

脚本
フランシス・ドール／ガイ・プレヴォスト

撮影
エドゥアルド・フロレス・トレス

音楽
シンシア・ブラウン

出演
エリック・バルフォー／イヴァ・ハスバーガー／アーロン・ディアス／ハンベルト・ブスト／リチャード・ミラー／ギレルモ・イバン／ロジャー・コーマン

SHARK LEVEL

恐怖度
★

オススメ度
★★★

トンデモ度
★★★

シャーク×ダイナソー＝ディノシャーク

ディノシャーク

STORY

　アラスカの海に眠る古代生物が、氷河の崩壊で解き放たれた。恐竜の頭とサメの体を持つその古代生物は、3年の時を経て人知れず成長していた。

　その頃メキシコのプエルト・バジャルタに帰郷したトレイスは、幼馴染のリタと再会。水界生態系の環境科学を専攻しているキャロルとも新たに親交を深めつつ、楽しい一時を過ごしていた。

　だが、その後ビーチで泳いでいたリタが、突如として惨死する事件が発生。彼女を殺した古代生物は、1億5000万年以上前に絶滅した巨大ザメ"ディノシャーク"だった。リタの仇を討つべく、そして生まれ故郷をディノシャークから守るべく、トレイスとキャロルはディノシャークと戦うが……。

解説

　『メガ・シャークVSジャイアント・オクトパス』のリリースを皮切りに、トンデモ系サメ映画の数が増す2010年代、先陣を切ったサメ映画が、この『ディノシャーク』だ。恐竜の頭にサメの体を持つディノシャークは、銃火器と手榴弾の直撃に耐え抜く防御力が突出した人食いザメである。

　監督はケヴィン・オニール。その専門は視覚効果のスーパーバイザーだが、ロジャー・コーマンの指揮下では監督としてモンスター・パニック物を製作している人物だ。彼の代表作には『ディノクロコ』(2004)がある。

　製作は"B級映画の帝王"ロジャー・コーマン。彼は『ジュラシック・ジョーズ』から実に31年越しでサメ映画を取り扱っている。

本主演はエリック・バルフォー。特に『スカイライン
──征服──』(2010) の主人公として知られているかと思
われる。

　本作のストーリーラインは幼馴染の仇討ちに挑む主人公
と古代生物を巡るモンスター・パニック物と、実に単純明
快だ。主要人物は個性的とは言い難いにしろ必要最低限に
魅力的で、サメの出番もそれなりに多く、サメ映画として
及第点に達する作りには仕上がっている。

　しかしながら前半はサメの襲撃シーンが物足りなく、一
瞬だけ海面に飛び出て獲物を飲み込むばかり、もしくは薄
暗い海中で血糊に紛れて獲物を食い漁るのみに留まってお
り、少々盛り上がりに欠ける。また、その硬い皮膚の頑強
さを売りにしているディノシャークだが、そもそも後半に
なるまでディノシャークが外敵から攻撃を受けるような
シーンが少なく、その持ち味を生かすための見せ場がまる
で足りていない。作品のテンポも悪く、少なくとも前半ま
では月並みのサメ映画止まりの内容だ。

　が、後半からは一転してヘリコプターを撃墜するディノ
シャークの活躍や、主人公とディノシャークが繰り広げる
空中戦に代表される見所が目白押しだ。いささか精彩を欠
いていた前半が嘘のように、尻上がりに本調子となってい
く。ラスト15分に至ってはテンポも含めて理想的に近い
サメ映画だ。

　長い映画史の中に埋もれる化石めいた本作、いずれレン
タルショップの店頭から絶滅する前に保護しておくべきか
もしれない。

DATA

原題・別題
SHARKTOPUS
製作国
アメリカ
89分／COLOR
監督
デクラン・オブライエン
製作
ロジャー・コーマン／ジュリー・コーマン
脚本
マイク・マクリーン
撮影
サンティアゴ・ナバレッテ
音楽
トム・ヒール
出演
ケレム・バーシン／サラ・マラクル・レイン／エリック・ロバーツ／エクトル・ヒメネス／ピーター・ネルソン

SHARK LEVEL

恐怖度
★
オススメ度
★★
トンデモ度
★★★★

シャーク＋オクトパス＝シャークトパス

シャークトパス

STORY

　カリフォルニア州サンタモニカのビーチに、サメの頭とタコの足を備えた巨大生物が出現。その正体は、遺伝子操作を得意とするブルー・ウォーター社が海軍の命で開発した人工生命体 "S-11" だった。

　あくまで生物兵器としてブルー・ウォーター社の管理下に置かれていたS-11だが、アクシデントで頭部の制御装置が外れてからは暴走を開始。元来の凶暴性を剥き出しにしたS-11は、目に留まった標的を無差別になぶり殺した末、アメリカから姿を消してしまった。ブルー・ウォーター社の責任者ネイサンと、愛娘の科学者ニコールは、はるばるメキシコのプエルト・バジャルタまでS-11を追うこととなる。

　S-11こと "シャークトパス" を捕獲するべく、腕利きの元ブルー・ウォーター社員アンディに協力を要請するネイサン。だが動物兵器の先駆けシャークトパスは、決して一筋縄ではいかなかった……。

解説

　『死神ジョーズ 戦慄の血しぶき』が26年の時を経て、リメイクという形で蘇ったサメ映画が、この『シャークトパス』だ。

　製作は『ディノシャーク』から続けてロジャー・コーマン。

　キャストとしては、ネイサン役であのエリック・ロバーツが出演。『ダークナイト』(2008) のマローニ、もしくは『エクスペンダブルズ』(2010) のジェームズ・モンローとして特に知られていることだろう。

　ヒロインはサラ・マラクル・レイン。のちに『ドルフ・ラングレン 処刑鮫』で芯の強いヒロインを演じる女優だ。

さて本作だが、人工生命体"シャークトパス"のシンプルながらに洗練されたそのデザイン性に関しては申し分ない出来栄えだ。設定面ではその縄張り意識の強さに加えて、本能的に岩場を好む行動パターンから、目くらまし代わりに墨を吐く特技など、素体の動物が持つギミックをしっかり拾っている点も好印象。そのシャークトパスが繰り広げる襲撃シーンは、長い触手を伸ばして巧みにターゲットを捕らえるわ、バンジージャンプを楽しむ観光客を襲うわ、鉤爪を振るってブルー・ウォーター社の面々の喉を切り裂くわと、なかなかの創意工夫が凝らされている。そしてその出番と活躍は尺の中で均等に割り振られているため、シャークトパスのみを目当てにして観るなら諸々込みで満足度は高い。

　しかしながらその他の点ではおよそ面白味に欠けている。アンディとニコールを含む主要人物のキャラクター性が紋切り型で特筆すべき点が少ない上に、場面転換の繋ぎとしてリゾート地を映したショットの数々と、無味乾燥なる会話劇のために間延びした、作品全体のテンポが気になってくる。

　なまじシャークトパスが悪くない分、シャークトパスが現れないシーンでの冗長さと陳腐さが、より悪目立ちする形になってしまっているかもしれない。

　おそらく長所はシャークトパスのほぼすべて、短所はシャークトパスを除いたほぼすべてのサメ映画となるだろう。

DATA

原題・別題
THE REEF

製作国
オーストラリア
88分／COLOR

監督
アンドリュー・トラウキ

製作総指揮
マイケル・バスキン／ジャニーン・ピアース

製作
アンドリュー・トラウキ／マイケル・ロバートソン

脚本
アンドリュー・トラウキ

撮影
ダニエル・アーディリー

音楽
ラファエル・メイ

出演
ダミアン・ウォルシュ＝ハウリング／ゾーイ・ネイラー／ガイトン・グラントリー／エイドリアン・ピカリング／キーラン・ダーシー＝スミス

SHARK LEVEL

恐怖度
★★★

オススメ度
★★★

トンデモ度
★★

2010年

『オープン・ウォーター』とは無関係のサメ映画

赤い珊瑚礁
オープン・ウォーター

STORY

オーストラリア北東岸の珊瑚礁地帯グレート・バリア・リーフ。マットとスージー、ケイトの3人はバカンスのために、小型船舶での配送業を営んでいる親友ルークと合流する。

クルーとして同行するウォレンも含めて、"タートル島"という穴場のスポットに向かった5人。ところが無人島の観光中、想定外の勢いで潮が引いてしまったがゆえに船底を擦ったゴムボートが破損。慌ててヨットに引き返したものの、翌日には暗礁に衝突したヨットが転覆。立て続けに発生したアクシデントの末、5人はグレート・バリア・リーフを漂流することとなる。

ただ待つばかりでは潮の流れで陸から遠ざかっていく上に、およそ救助の見込みも薄いと判断したルーク。彼はあえてヨットから離れ、十数キロメートルの距離を泳いでタートル島に戻ることを提案する。だが、5人が遭難した海域は、ホホジロザメの縄張りとして知られており……。

解説

『オープン・ウォーター』に酷似した邦題とシチュエーションのサメ映画が、この『赤い珊瑚礁 オープン・ウォーター』だ。しかしながらその出来栄えは『オープン・ウォーター』に勝るとも劣らないだろう。そして『オープン・ウォーター』のモデルは1998年の海難事故だが、本作のモデルは1983年に発生した海難事故とのことだ。

監督はアンドリュー・トラウキ。『オープン・ウォーター』に酷似した邦題とシチュエーションのワニ映画であ

る『ブラック・ウォーター』(2007) と、フェイク・ドキュメンタリー形式の『ジャングル——不滅——』(2013) というサバイバル・ホラー物が代表作の人物だ。少しばかり芸風の幅が狭い、もしくは作家性が強い監督である。

　広い大海原に取り残された夫婦が、その極限状況下で次第に精神を摩耗し、悲劇的な結末を迎えるまでを描いた『オープン・ウォーター』に対し、この『赤い珊瑚礁 オープン・ウォーター』ではシンプルに "サメの恐怖" そのものを描いているという点が特徴だ。身を守るための道具は皆無、逃げ場の類いは見当たらず、ただただ迫り来るサメの存在におびえながら、わずかな望みを懸けてグレート・バリア・リーフを泳ぎ続ける主要人物。彼らを責め苛む恐怖は、真綿で首を締めるような『オープン・ウォーター』のそれよりもう少し直接的なものであり、そして『オープン・ウォーター』とはまた別方向に面白い。

　アニマル・パニック物めいた残酷表現はかなり抑えられており、サメの活躍が比較的単調なため、映像面にはいささか物足りなさを覚えるかもしれない。一方で、この手のサバイバル・スリラー物にしてはサメの出番が多く、サメが標的を定めてから捕食に至るまでの作り自体は緊張感も踏まえて上々と、その諸々を込みで観た場合の出来栄えは必ずしも悪くない。強いて言うならば物語の導入部をやや長尺で描いているため、そこに冗長さを感じるおそれがある点がネックになってくるだろう。

　おそらくは人を選ぶが、一時期に粗製乱造された『オープン・ウォーター』の亜流とは一線を画すサメ映画だ。

DATA
原題・別題
MEGA SHARK VS. CROCOSAURUS
製作国
アメリカ
90分／COLOR
監督
クリストファー・レイ
原案
ミチョ・ルターレ
製作総指揮
デヴィッド・リマウイー
製作
デヴィッド・マイケル・ラット
脚本
ナオミ・セルフマン
撮影
アレクサンダー・イェレン
音楽
クリス・ライデンハウア
出演
ジェイリール・ホワイト／ゲイリー・ストレッチ／サラ・リーヴィング／ロバート・ピカード／ジェラルド・ウェブ

SHARK LEVEL
恐怖度
★
オススメ度
★★★
トンデモ度
★★★★

『メガ・シャークVSクロコザウルス』
DVD 発売中
発売元：アルバトロス株式会社

メガ・シャークの逆襲

メガ・シャークVSクロコザウルス

STORY

　かつてアラスカ沖でジャイアント・オクトパスと鎬を削った"メガ・シャーク"。前代未聞の戦いの末に力尽きた2匹は海底に沈み、かの巨大ザメは生死不明という形で姿を消す。

　それから数年後。密かに生き延びていたメガ・シャークは、テリーという海軍中尉が作った音波球に引き寄せられて米海軍の戦艦を襲撃。今再びメガロドンが蘇ることとなる。

　また時を同じくしてコンゴ民主共和国のダイヤモンド鉱山から、体長450メートルの巨大ワニ"クロコザウルス"が出現。たちまち34人もの現地人を惨殺したクロコザウルスは、ナイジェルという腕利きのアニマル・ハンターに捕獲されながらも、その海上輸送中に現れたメガ・シャークの破壊活動に乗じて逃走。この世に解き放たれたクロコザウルスは、アメリカ合衆国を堂々と荒らし回りつつ、その卵を海岸線で産み始める。

　意図せずメガ・シャークを呼び起こしてしまったテリーと、そのプライドからクロコザウルスに執着するナイジェル、そして事態の収拾のために派遣されたシークレットサービスのハッチンソンは、渋々ながらも力を合わせて2匹の大怪獣に立ち向かうが……。

解説

　前作の反響を受け、アサイラム社が矢継ぎ早に製作したメガ・シャークシリーズの第二弾が、この『メガ・シャークVSクロコザウルス』だ。おそらくはそのアサイラム社の遊び心で、作中には前作『メガ・シャークVSジャイアント・オクトパス』の、アルバトロス社がリリースした日本版ポスターが映るワンショットが存在する。

　監督はクリストファー・レイ。メガ・シャークシリーズの二作目と四作目、そして多頭系サメ映画シリーズの一作目と二作目を製作した人物だ。

　脚本はナオミ・セルフマン。しばしばアサイラム作品に関わってくる彼女の代表作は『メガ・パイソンVSギガント・ゲイター』(2011) だ。

　主演は『H.G.ウェルズ 宇宙戦争——ウォー・オブ・ザ・ワールド——』(2005) を含む、黎明期のアサイラム作品に顔出ししていたサラ・リーヴィング。

　テレビドラマシリーズの『素晴らしき日々』(1988-1993) 並びに『スター・トレック：ヴォイジャー』(1995-2001) で知られるロバート・ピカードも出演している。

　前作に比べると格段に主要人物のキャラクターが立っており、会話劇の面白さが増している点が特徴的だ。常識的に振る舞う米海軍のエンジニア・テリーと、口数は減らないが腕の立つアニマル・ハンターのナイジェル、そして堅物のクールビューティーを装いながらもその実ユーモアを解するエージェント・ハッチンソン、この3名が織り成す冗談交じりの掛け合いと、スラップスティック・コメディめいた珍道中は

思いのほか楽しく、前作に見られた物語の冗長さを軽減するのに一役買っている。

　一方で、その圧倒的サイズであらゆる障害をねじ伏せるメガ・シャークとクロコザウルスは、前作のジャイアント・オクトパスから変わらぬ強大無比ぶりだ。安っぽいなりに楽しいポップコーン・ムービーに仕上がっていると言えよう。

　ただし、行き当たりばったりで着地点の見えない話運びと後出しの多さは目に余る。具体的には、スイッチ一つで海底火山を噴火せしめるという奥の手をクライマックスになってから唐突に持ち出すことで、無軌道に広げた風呂敷を畳んでいる始末。その他短いスパンで繰り返されるフィルムの使い回しと、明度の低さに起因する水中戦の見辛さは相変わらずである。

　順序立てた作劇と構成面のまとまりは破綻しているが、主要人物のキャラクター性には磨きがかかっている。いずれにせよ、メガ・シャークシリーズの中ではまずまずの出来栄えだ。

『ファインディング・ニモ』について

　本書の方針上、基本的にアニメーション映画は取り扱っていないが、例外的に二言三言触れておきたい作品が存在する。ディズニーとピクサーが共同製作した長編3DCGアニメーション映画『ファインディング・ニモ』(2003) だ。

　人間のダイバーに連れ去られてしまった最愛の息子ニモを探して、カクレクマノミの父マーリンと健忘症のナンヨウハギであるドリーが大冒険に出るという本作。言わずもがなサメは脇役に過ぎないが、中盤で繰り広げられるサメの襲撃シーンのインパクトは強く、細かい定義上の話を抜きにするならば、サメの登場する映像作品として初代『ジョーズ』に並ぶ知名度の一本である。

　そしてその本編には"サメ映画"を含む、数多くの映画パロディが盛り込まれている。例えば本作に登場するホホジロザメは、ジョーズシリーズの撮影に用いられたサメの模型の愛称と同じ"ブルース"の名を持っている。ちなみに同シーン中にはあの『シャイニング』(1980) のパロディも登場。笑いと緊迫感に満ち溢れた楽しい内容に仕上がっている。

　ただの余話には違いないが、改めて『ジョーズ』の影響力を感じられたことだろう。

SHARK 5

2011–2020

[2011年]

スーパー・シャーク!!

シャーク・アタック!!

STORY

　カリフォルニア州の沖合で海底油田開発を行っていたトレーマー産業。だが化学薬品を用いた掘削工事で、岩盤に深い亀裂が発生。その影響で、長らく海底で眠っていた古代生物"スーパー・シャーク"が人知れず覚醒することとなる。手始めにトレーマー産業の石油プラットフォームを壊滅せしめたスーパー・シャークは、その後太平洋を潜航中の潜水艦から、西海岸の観光客までをも次々に襲撃。

　かねてより法に抵触した採掘作業で海を汚すトレーマー産業を追っていた海洋生物学者キャスリーン。海洋調査局員を装って石油プラットフォームの調査を進めていた彼女はスーパー・シャークと遭遇。その成り行きから米軍と協力して、巨大ザメの打倒に乗り出す。

　空を飛び、陸を這い、そして海を制するスーパー・シャークに、米軍は隠し玉・四本の足を持つ装甲戦闘車両ウォーキング・タンクを繰り出すが……。

解説

『ディープ・ライジング コンクエスト』と並んで海外ではカルト的に知られているメガロドン物のサメ映画が、この『シャーク・アタック!!』だ。今でこそ使い古されてしまったにせよ、2011年の公開時には珍しかった水陸両用の巨大ザメというアイデアに加えて、ウォーキング・タンクの活躍が、インターネット・ミームとして海外では浸透している。

　監督はフレッド・オーレン・レイ。『エイリアン・デッド』(1980)というカルト作で知られる彼は、妻のキンバリー・A・レイと共に、精力的に監督業を続けている。ちなみに『メガ・シャークVSクロコザウルス』の監督クリス

DATA

原題・別題
SUPER SHARK

製作国
アメリカ
86分／COLOR

監督
フレッド・オーレン・レイ

製作
フレッド・オーレン・レイ
／キンバリー・A・レイ

脚本
フレッド・オーレン・レイ
／クライド・マッコイ／タイガー・トレス

撮影
ベン・デマリー

音楽
ジェフリー・ウォルトン

出演
ジョン・シュナイダー／サラ・リーヴィング／ティム・アベル／ジェリー・レイシー／テッド・モンテ／ジミー・JJ・ウォーカー

SHARK LEVEL

恐怖度
★

オススメ度
★★★

トンデモ度
★★★★★

トファー・レイは、彼の実子だ。

　キャストとしては、テレビドラマシリーズの『爆発！デューク』(1979-1985) と『ヤング・スーパーマン』(2001-2011) を代表作とするジョン・シュナイダーが出演。

　ほかにはスタンダップ・コメディアンのジミー・JJ・ウォーカーが"ダイナマイト・スティーブン"として出演。

　ヒロインは『メガ・シャークVSクロコザウルス』のサラ・リーヴィングだ。

　特筆すべきはウォーキング・タンクだ。作中では砂漠地帯での運用を想定した多脚戦車として米軍が投入したこのウォーキング・タンク、クライマックスで水陸両用のスーパー・シャークと雌雄を決する際に、逆関節を使った後ろ足蹴りで巨大ザメを迎撃するという、およそ装甲戦闘車両らしからぬ離れ業まで試みる。この一連の展開はあまりにナンセンスだが、それゆえ衝撃的で面白い。

　スーパー・シャークの襲撃シーンには安っぽいなりに見応えがある。アメリカ合衆国西海岸を拠点として戦闘機を落とし、潜水艦を沈め、次々に観光客を襲うスーパー・シャークの活躍ぶりは痛快の一言。トンデモ系サメ映画には必要不可欠の"勢い"が押さえられている。

　ただし一点、海洋生物学者キャスリーンのメインプロットと並行して前半に繰り広げられる、ライフセーバーの男女が織り成す三角関係のパートを、わざわざ長尺を使ってまで事細かにエピソードを積み重ねた上で、あえて中盤で雑にリセットする展開には少々首を傾げざるを得なかった。それまで丹念に描き続けてきた青春ラブ・ロマンスが、いざ修羅場を迎えんとしたそのとき、突如としてスーパー・シャークが飛び出し、主要人物を全員食い殺すことで展開を白紙に戻してしまうのだ。

　とにもかくにもその大味さと奇抜さ、そして「SUPER SHARK！」のシャウトが耳に残るスーパー・シャークのテーマソングが特徴のサメ映画だ。

水陸両用のサメ映画

ビーチ・シャーク

DATA

原題・別題
SAND SHARKS

製作国
アメリカ
87分／COLOR

監督
マーク・アトキンス

原案
キャメロン・ラーソン／
ジョー・ベンキス

脚本
キャメロン・ラーソン

撮影
マーク・アトキンス

音楽
マリオ・サルヴッチ

出演
コリン・ネメック／ヴァネッサ・リー・エヴィガン／ブルック・ホーガン／エリック・スコット・ウッズ／ジーナ・ホールデン

SHARK LEVEL

恐怖度
★

オススメ度
★★★★

トンデモ度
★★★★

STORY

　南の島ホワイトサンズに、ジミー・グリーンという男が帰ってきた。町長の放蕩息子として悪名を轟かせていた彼は、借金返済と今や寂れつつある故郷の復興を狙ったサンドマン・フェスティバルというビーチ・パーティーの開催を父に進言。元恋人の保安官代理ブレンダと、保安官ジョンの兄妹からは疑いの目で見られながらも、ジミーは曲者揃いのクルーを率いて精力的に働き続ける。

　だが同時期のホワイトサンズでは、まるでサメに襲われたかのごとき痕跡を残した変死体が、水際からは離れた浜で発見されるという事件が相次いでいた。海洋生物学者サンディの調査と、ホワイトサンズの漁師が語る伝説から、その人食いザメの正体は砂の中を泳ぐサメ、"ビーチ・シャーク"であると判明。水陸両用の人食いザメがホワイトサンズに潜伏しているという事実を認めたブレンダとジョンは、慌ててサンドマン・フェスティバルの中止を要請する。

　ところが、この度の企画に入れ込んでいたジミーは2人と対立して……。

解説

　人食いザメが陸を泳ぐ作品が、この『ビーチ・シャーク』だ。

　監督はマーク・アトキンス。特に低予算規模での監督・脚本、撮影として、『PLANET OF THE SHARKS 鮫の惑星』、『鮫の惑星 海戦紀(パシフィック・ウォー)』などのサメ映画を含む、多くの映像作品を手掛けてきたベテランだ。

　ヒロインはあのプロレスラー、ハルク・ホーガンの娘、ブルック・ホーガン。そして主演は『インパクト』で主人公マイクを演じていたコリン・ネメックである。

『ビーチ・シャーク』
DVD：¥1,980（税込）
デジタル配信中
発売・販売：松竹

©Remember Dreaming, LLC

　さながらトレマーズシリーズにおける地底生物グラボイズのごとく、陸を泳いでは人を襲うビーチ・シャークのアイデアが面白い。作品の主役にあえてミミズ、モグラ、あるいは架空の地底生物を用いず、海から現れたサメが土の中までをも掘り進むという点が荒唐無稽ながらも独創的だ。

　単なるアイデアに留まらず、作中ではしっかりビーチ・シャークが画面上を縦横無尽に駆け巡り、サンドマン・フェスティバルの参加者を文字通りの血祭りに上げていく。その辺り、少なくともサメの出番と活躍に関してはモンスター・パニック物として上出来だ。

　人食いザメに限らず本作の主要人物、ジミー・グリーンというキャラクターの動向も見逃せない。実父の町長から長らく勘当されていた放蕩息子のジミーは、肉親とクルーの死さえ大義名分に利用して、浜にビーチ・シャークが迫る中でなおサンドマン・フェスティバルを開催せんとする、利己的な小悪党である。だが一方で彼は、亡くなった父を心から偲んで密かに追悼したり、友人を死なせてしまった罪悪感から狼狽したりと、単なる悪役とは言い切れない二面性を持ち合わせてもいる。そんなジミーが覚悟と共に、自らの過ちを清算せんと人食いザメに挑むクライマックスは必見だ。

　その他、クイント船長めいた漁師の言動に代表される、初代『ジョーズ』にオマージュを捧げた脚本面も特徴だ。"ビーチ・シャーク"という色物じみた名に反して、なかなか侮れぬ出来栄えのサメ映画である。

沼地のサメ映画
フライング・ジョーズ

DATA

原題・別題
SWAMP SHARK／キラー・シャーク 沼に潜む恐怖

製作国
アメリカ
89分／COLOR

監督
グリフ・ファースト

製作
ケネス・M・バディッシュ／ダニエル・ルイス

脚本
チャールズ・ボロン／ジェニファー・イウェン／エリック・ミラー

撮影
ロレンツォ・セナトーレ

音楽
アンドリュー・モーガン・スミス

出演
クリスティ・スワンソン／ロバート・ダヴィ／D・B・スウィーニー／ジェフ・チェイス／ソフィア・シニーズ／クリストファー・ベリー

SHARK LEVEL

恐怖度
★

オススメ度
★★★

トンデモ度
★★★

STORY

　アメリカ合衆国ルイジアナ州アチャファラヤ川。その日、密輸業で私腹を肥やしていた保安官ワトソンは希少動物の受け渡しを行っていた。だがサイプレス湖からタンクローリーで運ばれてきた巨大生物は、ワトソンの下に届くと同時に暴走を開始。沼地に逃げ込むと消息を絶つ。

　ほどなくして近くの飲食店"ワニの小屋"で飼われていたワニが皆殺しに遭うという事件が発生。併せて巨大生物の犠牲者と見られる遺体が出たために、ワニの小屋の責任者ジェイソンが管理不行届の疑いで捕まることとなる。

　彼と共に働いていた妹のレイチェルは、ジェイソンの身の潔白を証明するべく巨大生物の行方を追うが……。

解説

　その邦題に反してサメは空を飛ばないサメ映画が、この『フライング・ジョーズ』だ。

　加えて日本国内で流通している本作のジャケットには、表紙のタイトルが『FRYING JAWS』表記、背表紙のタイトルが『FLYING JAWS』表記と、スペルミスが見られる。

　監督のグリフ・ファーストは、マーク・アトキンスと並ぶ低予算規模のベテランだ。彼は本作を皮切りに、サメ映画の製作を精力的に行うこととなる。

　ヒロインは『レッド・ウォーター サメ地獄』のクリスティ・スワンソン。サメ映画には2回目の出演となる。

　ほかには『007 消されたライセンス』(1989)で麻薬王フランツ・サンチェス役を演じたロバート・ダヴィが、保安官ワトソン役で登場している。

　思いのほか手堅い作りのサメ映画である。元アメフト部のジョック（体育会系）と頭の回るナード（文化系）が力を合わせ

て人食いザメに立ち向かったり、ヒロインのレイチェルと飲食店の常連客が機転を利かせて悪徳保安官と渡り合ったりと、癖の強い主要人物が一致団結して人食いザメと戦わんとする、お祭り騒ぎめいた連帯感が魅力的だ。

　事の元凶となる保安官ワトソンは、癪に障る悪役として立ち回っては話を転がしつつも、痛い目を見て退場するので、ラストが爽やかに迎えられる点もこの手のモンスター・パニック物として好印象である。

　さらには本作、そのクライマックスが面白い。初代『ジョーズ』を踏襲しながらもあえてラストに一捻り加えた作りには、単なる初代『ジョーズ』の類似品から抜け出さんとする心意気を感じる。ただし設定的には『ディノシャーク』に似て硬い皮膚の頑強さを売りにしているスワンプ・シャークに、急場しのぎに作った仕掛けの刃が容易く通っている点は少しばかり拍子抜けではある。

　もうひとつ、後半に至るまでは人食いザメがさほど画面上に映らず、人目を引くギミックの類いもスワンプ・シャークは持ち合わせていないため、サメの襲撃シーンの見栄えには低予算早撮りゆえの難を感じるかもしれない。とはいえ総合的にはまずまず上出来のトンデモ系サメ映画だ。

「その数、46種類」

シャーク・ナイト

DATA

原題・別題
SHARK NIGHT 3D

製作国
アメリカ

90分／COLOR

監督
デヴィッド・R・エリス

製作
マイク・フライス／リネット・ハウエル／クリス・ブリッグス

脚本
ウィル・ヘイズ／ジェシー・ステューデンバーグ

撮影
ゲイリー・カポ

音楽
グレーム・レヴェル

出演
サラ・パクストン／ダスティン・ミリガン／クリス・カーマック／キャサリン・マクフィー／ジョエル・デヴィッド・ムーア

SHARK LEVEL

恐怖度
★★★

オススメ度
★★★★

トンデモ度
★★★

STORY

　大学院に進学を控えていたニックは、意中のサラを含む学生グループと、サラの故郷クロスビー湖の別荘を訪れる。

　美しい塩水湖でバカンスを楽しむ一同だが、突如として湖から飛び出してきた人食いザメが、ニックの友人を襲撃。慌てて無線で救援を求めるが、別荘に現れたのはサラの元恋人デニスと、その相棒の無法者レッドであった。余所者に対する2人の鼻持ちならない物言いには反発心を抱きつつも、やむを得ず指示に従うニックたち学生グループ。

　しかしながらこのデニスとレッド、実はクロスビー湖にサメを放流した張本人。そして2人の正体は、観光客のスナッフビデオを撮っている殺人鬼だった。

　得体の知れない恐怖に怯えるニックとサラに、人食いザメと殺人鬼の影が忍び寄る……。

解説

　日本国内では「その数、46種類」という宣伝文句を掲げていた3D映画が、この『シャーク・ナイト』だ。ただし、作中で敵役が「これまでに46種類もの人食いザメを捕獲してきた」と吹聴するシーンがあるだけで実際に登場する人食いザメの数は10種類を下回る。

　監督はデヴィッド・R・エリス。アニマル・パニック物の『スネーク・フライト』(2006)、そしてファイナル・デスティネーションシリーズの『デッドコースター』(2003)と『ファイナル・デッドサーキット 3D』(2009)で知られている人物だ。若かりし頃はスタントマン並びにスタントコーディネーターとして、映画業界に数々の貢献を果たしてきた彼は2013年に逝去。本作が遺作となった。

　本作は人食いザメを用いてスナッフビデオを撮る殺人鬼

を主軸とした、スリラー物のサメ映画である。辺境の湖畔を訪れた主要人物が殺人鬼の襲撃に遭い、散々責め苛まれた末に反撃に転じるまでの流れは、スラッシャー系サスペンス映画の文法に則っている。そのため、人食いザメが主体のストーリーラインを期待して観ると肩透かしを食うかもしれない。

　一方で、本作の殺人鬼は人食いザメに代わって主役を張るに相応しいキャラクター性を備えている。特に、気に食わない余所者には初対面だろうが一方的に絡んでは半笑いで嘲り続けるレッドの生々しい粗暴さは、悪役として人食いザメの恐ろしさに負けず劣らず個性的だ。主人公を含めた学生グループの面々が本質的に善良で、お互いに励まし合って協力しているシーンが多い分、その悪役の残忍さはより際立っている。

　そして46種類には至らないにせよ、作中にはホホジロザメにアオザメ、シュモクザメと多くの人食いザメが登場している。特筆すべきは"クッキー・カッター・シャーク"、ダルマザメを使った残酷表現だ。水中で発光するダルマザメの群れが、『ピラニア3D』(2010)さながら犠牲者を捕食する様は本作のハイライトだろう。

　ただしサメの襲撃シーンが総じて短い点では好みが分かれるかもしれない。

　加えてラストには、主要人物の活躍を歌った面白おかしなラップソングが唐突に流れる。殺伐とした本編とのギャップが甚だしいこの曲は、おそらく賛否両論となるに違いない。

　とはいえ、やはりサメ映画の中では上澄みともいえる面白さを持つ一本だ。

　余談だが、後半に殺人鬼が生け簀に捕らえた人食いザメを"イタチザメ (Tiger Shark)"と呼称するくだりが見られる。しかしながら外見的特徴から判断するに、その人食いザメは"シロワニ (Sand Tiger Shark)"である。

雪山が舞台のサメ映画

スノーシャーク
悪魔のフカヒレ

DATA

原題・別題
SNOW SHARK：ANCIE
NT SNOW BEAST

製作国
アメリカ
80分／COLOR

監督
サム・クアリアナ

製作総指揮
リチャード・チズマー／
マーク・マコウスキー

製作
マイケル・ジゼル／グレゴ
リー・ランバーソン／ジョ
ン・マクレイ

脚本
サム・クアリアナ

撮影
サム・クアリアナ

音楽
マイケル・ポール・ジェラード

出演
サム・クアリアナ／マイケ
ル・オヘア／キャシー・
マーフィー／C・J・クアリ
アナ

SHARK LEVEL
恐怖度
★
オススメ度
★
トンデモ度
★★★

STORY

　時は1999年。太古の昔から雪山に眠っていた"スノー
シャーク"が大地震で覚醒してしまった。まるで雪原を泳
ぐかのように地中を掘り進むスノーシャークは極悪非道の
限りを尽くしたが、雪山近くの町に住むマイクという名の
少年の手で、ついには仕留められることとなった。

　それから12年後。あの忌まわしき古代生物を存在から
隠蔽せんと立ち回った市長の手引きで、スノーシャークに
関するすべてを忘れ去った町は、今や穏やかな日常を取り
戻していた。しかしながら12年前に見逃してしまったス
ノーシャークの別個体が出し抜けに復活。かつての惨劇を
なぞるかのように、再び町の人々を襲う。

　かつて町を救ったにもかかわらず市長の企みで狂人とし
て蔑まれていたマイクや、愛する我が子をスノーシャーク
に食い殺されてしまった保安官ドナルド、そして12年前
に初めてスノーシャークを見出したホフマン教授は、それ
ぞれの因縁からスノーシャークとの対決に臨むが……。

解説

　"エンシェント・スノー・ビースト"の副題を掲げるサメ
映画が、この『スノーシャーク 悪魔のフカヒレ』だ。ただ
し日本国内ではリリース順の関係上、先に出回っていた
『アイス・ジョーズ』の方が、雪山が舞台のサメ映画とし
て知られているかもしれない。

　本作の脚本・撮影・出演を兼任している監督はサム・ク
アリアナ。彼は遡ること2004年から、本作の前日譚とな
るランニングタイム10分のショートムービー『SNOW SH
ARK』を撮影している。

その他スタッフには、のちに『フランケンジョーズ』や『ランドシャーク 丘ジョーズの逆襲』を製作するマーク・ポロニアが紛れている。

　良かれ悪しかれあくまでインディー映画止まりのサメ映画である。まるで生物感に乏しい等速直線運動で画面上を左右に横切る人食いザメの背ビレは噴飯物。山場で瞬間的に飛び出すサメの頭部はあからさまに安上がりで、その造形の出来はやはりお粗末だ。

　やたらとキャラクター数が多い割には掘り下げが甘く、その多くの主要人物が十把一絡げの扱いで退場していく脚本も拍子抜けだ。特に、在りし日に一度スノーシャークを狩り殺しながらもその功績を黙殺されたマイクと、スノーシャークに対し並々ならぬ因縁を持つホフマン教授までもがぞんざいに片付けられていく様には頭を抱えざるを得ない。

　とはいえ本作が低予算早撮りで撮影されたインディー畑の作品である点をあえて考慮するならば、サメの襲撃シーンに細かいカットバックを多用し、拙いなりに一本の映像作品としてしっかり形にしようと試行錯誤している点は好印象だ。ちなみに監督いわく、本作の撮影時には雪解けと悪天候に苛まれたという。

　その他"ブロディ" "フーパー" "ブルース"と、初代『ジョーズ』にちなんだ名が作中に見え隠れしているのも、実にインディー映画らしいこだわりだと言えよう。

　総評としては雪山という舞台の冷たさと、ホームメイドの温かみを兼ね備えたサメ映画だ。

　余談だが、本作がプレミア上映された2012年4月10日は、奇しくも監督サム・クアリアナが26歳を迎えた誕生日だったという。

一挙両得のサメ映画
ダブルヘッド・ジョーズ

STORY

　大学の研究合宿でソロモン諸島に向かっていたクルーザー、シーキング号。航海中に流れてきたサメの死骸が船底に接触する。その巨体を巻き込みスクリューは損傷、続けてアンテナまでもが故障してしまい、やむを得ずクルーザーは一時停止することに。さらには飛び散った血肉の臭いに誘われて、人食いザメが姿を現す。

　一方で船の修理を待つ間、近くで見つけた環礁に上陸した学生グループ。ところがその環礁に、突然変異で生まれながらに二つの頭を持つ人食いザメ "ダブルヘッド・ジョーズ" が襲来。二つの顎と二倍の食欲で学生グループを次々に捕食していく。

　また折悪しく発生した大地震の影響で環礁が水没。陸地という逃げ場さえ失った今、もはや彼らはダブルヘッド・ジョーズから逃れる術を持たず……。

解説

　複数の頭部を備えたサメが人々を襲う、いわば多頭系サメ映画シリーズの先駆けが、この『ダブルヘッド・ジョーズ』だ。本作は『メガ・シャークVSジャイアント・オクトパス』同様、アルバトロス社がアサイラム社に提出した企画から生まれたサメ映画であるという。

　監督はメガ・シャークシリーズからクリストファー・レイ。ヒロインは『ビーチ・シャーク』からブルック・ホーガン。ほかにキャストではテレビドラマシリーズの『ベイウォッチ』(1989-2001) 並びに、パロディ映画の『最終絶叫計画』(2000) を代表作に持つモデルのカーメン・エレクトラが出演している。

　良くも悪くも大味で、その勢いに特化したサメ映画であ

DATA

原題・別題
2-HEADED SHARK ATTACK

製作国
アメリカ
88分／COLOR

監督
クリストファー・レイ

原案
エドワード・デルイター

製作総指揮
デヴィッド・リマウイー

製作
デヴィッド・マイケル・ラット

脚本
H・ペリー・ホートン

撮影
スチュアート・ブレレトン

音楽
クリス・ライデンハウア

出演
カーメン・エレクトラ／チャーリー・オコンネル／ブルック・ホーガン

SHARK LEVEL

恐怖度
★

オススメ度
★★★

トンデモ度
★★★★

る。突然変異の一言を理由に問答無用で出現したダブルヘッド・ジョーズが、視界に捉えたキャラクターを手当たり次第に食い漁っていく。それがすべてのサメ映画だと言ってしまえばそれまでだが、一方でテンポの良さとサメの出番の多さ、そして一度に2人の標的を葬るダブルヘッド・ジョーズの豪快さが、本作を一本の映像作品として成り立たせている。

　特にクライマックスで、ヒロインが双頭の隙間に生じた安全地帯から、一方的にダブルヘッド・ジョーズを板切れで叩くシーンの滑稽さは素晴らしい。

　その反面、見る限り迂回の容易いごく小さな地割れに主要人物が退路を遮られるわ、ダブルヘッド・ジョーズと環礁の位置関係が同じシーン内で頻繁に移り変わるわ、物語の前半で意味深なクローズアップを交えて手に入れた拳銃が、後半では役立たずの品として所有者もろとも使い捨てられるわ、その作りの粗さは否めない。クライマックスでは地震の影響で環礁が海中に飲み込まれるというシチュエーションに陥るが、その後、別のショットでは陸地が映ってしまっている。その度重なる力押しは観る人を選ぶ点だろう。

　決して手放しには褒められないが、ゆえにかえって楽しみうるサメ映画だ。

　余談だが、突然変異で二つの頭を得たサメの発見例は、実際に世界中で定期的に上がっている。

スタイリッシュ・シャーク・ムービー

パニック・マーケット3D

DATA

原題・別題
BAIT

製作国
オーストラリア／シンガポール

89分／COLOR

監督
キンブル・レンドール

製作
ピーター・バーバー／トッド・フェルマン／イン・イェ／リン・シュイ

脚本
ラッセル・マルケイ／ジョン・キム

撮影
ロス・エメリー

音楽
ジョー・ン／アレックス・オー

出演
ゼイヴィア・サミュエル／シャーニ・ヴィンソン／エイドリアン・パン／フィービー・トンキン／チー・ユーウー／アレックス・ラッセル／ジュリアン・マクマホン

SHARK LEVEL

恐怖度
★★★

オススメ度
★★★★

トンデモ度
★★★

STORY

　ライフガードのジョシュとローリー、そしてジョシュと交際中の、ローリーの妹ティナはある日、ビーチにホホジロザメの姿を捉える。人命救助のために奔走する3人だが、モーターボートで海に出たローリーが人食いザメの餌食となり帰らぬ人に。親友を失った悲しみに沈むジョシュは、その日を境にティナと事実上の破局を迎えてしまった。

　それから1年後。スーパーマーケットに勤めていたジョシュは、図らずもティナと再会する。しかしながらそのとき、2人組の強盗犯がスーパーマーケットを襲撃。さらには立て続けに起こった大地震と、連鎖的に生じた大津波が、瞬く間にスーパーマーケットを飲み込んでしまった。

　浸水した店内に閉じ込められたジョシュとティナ、そして一般市民と強盗犯。阿鼻叫喚の地獄絵図の中に、大洪水で押し流されてきたホホジロザメまでもが現れ、"パニック・マーケット"は悪化の一途を辿る。

　追い詰められた生存者は、一致団結してスーパーマーケットから脱出せんとするが……。

解説

　イタリアとロシアでヒット、加えて中国ではオープニング成績で『アバター』(2009)を上回る興行収入を叩き出したサメ映画が、この『パニック・マーケット3D』だ。その実績が示す通り、本作は2010年代前半のサメ映画の中では頭一つ抜けた出来栄えの一本である。

　監督はキンブル・レンドール。共同脚本、製作総指揮は、『レイザーバック』(1984)、『バイオハザードⅢ』(2007)の監督として知られるラッセル・マルケイ。スケジュールの都合上、監督を務められなかったラッセル・マルケイの代

わりに、キンブル・レンドールが本作を手掛けたという。

主演には『エクリプス トワイライト・サーガ』(2010)、『フューリー』(2014)で知られるゼイヴィア・サミュエルを配役。ほかには『ファンタスティック・フォー［超能力ユニット］』(2005)並びに『ファンタスティック・フォー：銀河の危機』(2007)でDr.ドゥームを務めたジュリアン・マクマホンが出演している。

本作はスーパーマーケットに閉じ込められた一般市民が、大津波で浸水した閉所からの脱出を図る、パニック・アドベンチャー色の強いサメ映画である。主要人物の目的はあくまでスーパーマーケットから抜け出すことで、人食いザメはその障害に過ぎない。むしろ本作の肝は、突然の非日常的脅威に相対した一般市民が、力を合わせて困難に立ち向かっていく様にあるだろう。

一方でサメの襲撃シーンには力が入っている。元々3D映画の本作、映像面の見応えでは同時期のサメ映画の中で突出している。特にテーザー銃を携えた主人公と巨大ザメが向き合う、クライマックスの一騎打ちはスタイリッシュで面白い。

それぞれに課題を抱えた主要人物が、この度の自然災害を通じて自らに向き合うというストーリーは、テーマの着地点が不明瞭ではある。だが、テンポの良さと掛け合いの妙が、その少しばかりの欠点を補っている。

日本国内では知名度で劣るが、サメ映画の中ではトップクラスの一本だ。

余談だが、本作には生存者が店内の備品を組み合わせて簡易的に防護服を作るシーンが見られる。舞台設定を生かしたアイデアだが、その防護服を着たキャラクターが作中で迎える運命は、悲劇性と滑稽さを併せ持つがゆえに印象に残ることだろう。

時代錯誤の魔物

ジュラシック・シャーク

DATA

原題・別題
JURASSIC SHARK／AT
TACK OF THE JURASS
IC SHARK

製作国
カナダ
79分／COLOR

監督
ブレット・ケリー

製作
アン・マリー・フライゴン

脚本
ブレット・ケリー／デヴィッ
ド・A・ロイド／トレヴァー・
ベイヤー

撮影
アンバー・ピーターズ

音楽
クリストファー・ニッケル

出演
エマニュエル・カリエール
／クリスティーン・エメス
／セリーン・フィリオン／
アンジェラ・パレント／ダ
ンカン・ミロイ／フィル・
ドゥカースキー

STORY

　広い湖の中に浮かんだエルバー島では、大企業の研究員が石油の違法掘削を行っていた。安全基準から逸脱した採掘で、深い氷床に眠っていた"メガロドン"が覚醒する。瞬く間に研究所は壊滅、巨大ザメは世に解き放たれてしまった。

　同時期に美術館から絵画を盗み出してきたというギャングと、大企業の違法採掘を暴かんとしていた学生グループが、エルバー島を訪れる。すでに湖を掌握していたメガロドンが、新たな餌に飢えているとも知らず……。

解説

『ジュラシック・ジョーズ』と邦題の紛らわしいサメ映画が、この『ジュラシック・シャーク』だ。名目上はランニングタイム79分の作品だが、その実14分弱をスローで流れるエンドクレジットで稼いでいるため、本編の尺は65分に過ぎない。

　監督・共同脚本はブレット・ケリー。スコット・パトリックという別名義を持つ彼は、本作と『ロスト・ジョーズ』『恐怖のモンスターパニック 吸血巨大ヒル襲来！』(2008)や『サンダーストーム 雷鋼の鎧』(2011)が日本国内では知られている。ちなみに、その出来栄えはいずれも悪い。

　そして本作の総評は稚拙の一言だ。前半はまるでサメが姿を現さない。だが台詞の上では繰り返して「あそこになにかいるぞ！」「今の見たか？」「今、なにか俺の足に触ったぞ！」と、画面上に映らないサメの出番とその活躍を、主要人物が不自然に口頭で伝えてくる。後半からはついにサメの姿が映るが、その3Dモデルはチープで演出面の創意工夫に乏しく、前半のサメ不足を補うには至っていない。

SHARK LEVEL

恐怖度
★

オススメ度
★

トンデモ度
★★★

『ジュラシック・シャーク』
DVD 発売中
販売元：株式会社トラン
スワールドアソシエイツ

　人食いザメのみならず、ギャングが盗み出したという絵画すら、小道具を揃えていなかったのか作中では常にブルーシートで包んであるという体で、描かれている絵は画面上に映らない。まさに幻の名画である。

　そして本作はテンポが悪い。無目的に乱用している長回しと溜め、本筋に関わらない会話劇、不自然に取られた台詞の間の多さは一本の映像作品として致命的だ。特に冒頭で2名の端役が、人食いザメと主要人物の出番を差し置いて長々と喋り続けているシーンは、明らかに本作が観客の方を向いていないことを象徴している。

　脚本的にはメガロドンの潜伏する湖底に沈んだ絵画を、ギャングが拾いに行っては犠牲者を出すという展開の繰り返しで物語が進む。無味乾燥で起伏が少ないその筋書きはただただ眠気を誘うばかりだ。

　総じて2012年製作の作品だとは信じ難い本作の出来栄えは、その名の通りジュラ紀の巨大生物めいて時代錯誤が甚だしい。

デス・ゲーム系サメ映画

シャーク・ウィーク

DATA

原題・別題
SHARK WEEK
製作国
アメリカ
90分／COLOR
監督
クリストファー・レイ
製作総指揮
デヴィッド・リマウイー
製作
デヴィッド・マイケル・ラット
脚本
リズ・アダムス／H・ペリー・ホートン
撮影
ペジャ・ラデンコビック
音楽
クリス・ライデンハウア
出演
ヤンシー・バトラー／パトリック・バーギン／ジョシュ・アレン／エリン・クッカー／バート・バゲット／フランキー・カレン／バレリー・ガルシア

SHARK LEVEL

恐怖度
★
オススメ度
★★
トンデモ度
★★★

STORY

　8人の男女が絶海の孤島に集められた。問答無用で地下洞窟に連れ込まれた一同の前に、麻薬王タイブロンという男が現れる。彼は息子の死に関わった者に制裁を加えるべく、8人を島に拉致したのだ。復讐心から狂ったタイブロンは、問答無用で人食いザメを使ったデス・ゲームを開催する。

　一日に一種類の人食いザメが迫る地下洞窟と、タイブロンが張り巡らせたトラップに苦しみながらも、デス・ゲームを進めていく一同だが……。

解説

　日本国内ではジョーズシリーズにソウシリーズを掛け合わせたという宣伝文句で売り出されたアサイラム製サメ映画が、この『シャーク・ウィーク』だ。ちなみに、アルバトロス社がリリースした日本版ポスターは『シャーク・ナイト』のデザインに酷似している。

　監督は『メガ・シャークVSクロコザウルス』と『ダブルヘッド・ジョーズ』のクリストファー・レイ。

　キャストには『ハード・ターゲット』(1993)のヤンシー・バトラーが出演。彼女はレイク・プラシッドシリーズの三作目と四作目、そして『アナコンダvs.殺人クロコダイル』(2015)のリバ役として知られている。

　まずデス・ゲーム物のサメ映画というアイデアはユニークだ。シュモクザメ、オオメジロザメ、イタチザメと日替わりで複数種の人食いザメが襲ってくるという舞台設定も面白い。ただし、惜しむらくは演出面での差別化が不十分で、あえて複数種の人食いザメを持ち出しておきながら結果的にやることは同じで、種ごとの相違点に乏しかった辺りが今一歩ではある。

本作のテンポは悪い。特に話運びの冗長さは否めない。とはいえ、人食いザメの襲撃と水深の関連性に関して言及するくだりに代表されるトリビアの多さが、その間延びした会話劇の薄さを少しばかり和らげている。

　が、薄暗い画面内で細かいカット割りを多用している上に、血糊と水飛沫の激しいサメの襲撃シーンはただただ不出来で見辛い。

　加えてデス・ゲームの主催者タイブロンの、ステレオタイプめいた悪役ぶりは噴飯物だ。暗闇の中で葉巻を携えて、これ見よがしに高い階段の上に立つタイブロンは、常にほどほどの横風が吹いている地下洞窟で、しばしば仰々しい言い回しと共に参加者を煽る。そして、無目的にハーモニカまでをも吹き始める。この気取った悪役がラストではあっさりと退場する点は残念だが、ともすれば笑いが抑え切れないまでに紋切り型のキャラクター造形は逆に見所と言えよう。

　しかしながら総合的には難点の方が上回る。まさにデス・ゲームじみた本作からは鑑賞中、少なからぬ数の脱落者が出ることとなるだろう。

マカロニ野郎の
ニュージャージーサメ襲撃事件

ジョーズ・リターン

DATA

原題・別題
JERSEY SHORE SHARK
ATTACK

製作国
アメリカ
87分／COLOR

監督
ジョン・シェップハード

製作総指揮
バリー・バーンホールズ
／ジェフリー・シェンク

製作
グリフ・ファースト／フレッ
ド・オーレン・レイ／キン
バリー・A・レイ／ピー
ター・サリヴァン

脚本
マイケル・シミネラ／リ
チャード・グノルフォ

撮影
テオ・アンジェル

音楽
アンドレス・ボルトン／
マーク・ジョバニ

出演
ジェレミー・ルーク／ジャッ
ク・スカリア／ジョゼフ・
ルッソ／ダニエル・ブック
／ジョーイ・ファトゥーンJr.

SHARK LEVEL

恐怖度
★

オススメ度
★★

トンデモ度
★★★

STORY

　アメリカ合衆国ニュージャージー州シーサイドハイツ
に、アルビノのオオメジロザメが現れた。赤い瞳の人食い
ザメは、人知れず海で若い男女を襲う。

　同じ頃、ビーチで羽目を外していた "TC" ことジーノ、
ドニー、バルザックの3人は、サメの襲撃で親友のJPを失
う。恋人ヌッキとの色恋沙汰やいけすかないエリート、ブ
ラッドフォードとの確執に揉めつつも "ニュージャージー
サメ襲撃事件" の再来から町を守るために奔走する3人だ
が、アルビノのオオメジロザメに留まらず、人食いザメの
群れが新たに現れて……。

解説

　初代『ジョーズ』と "ニュージャージーサメ襲撃事件"、
そして『ジャージー・ショア 〜マカロニ野郎のニュー
ジャージー・ライフ〜』というアメリカのリアリティー
ショー番組がモデルのサメ映画が、この『ジョーズ・リ
ターン』だ。原題の『JERSEY SHORE SHARK ATTACK』
は『ニュージャージーサメ襲撃事件』を指す。そして
『ジョーズ・リターンズ』とはまったく無関係の作品であ
る。

　製作は『フライング・ジョーズ』のグリフ・ファースト
と、『シャーク・アタック!!』のフレッド・オーレン・レイ
という低予算映画の二大巨頭。

　キャストには、80年代のテレビドラマシリーズで一世を
風靡したジャック・スカリアと、特に悪役として数多くの
映像作品で知られてきたポール・ソルヴィノが登場。

　ほかにはイン・シンクというボーイズバンドの元メン

バー、ジョーイ・ファトゥーンJr.がカメオ出演している。

　本作の特徴は主役がジョックである点だ。『ジャージー・ショア 〜マカロニ野郎のニュージャージー・ライフ〜』のイメージと重なる、享楽的で柄が悪く、地元の悪友とつるんでは昼間から馬鹿騒ぎに興じているパーティー・ピープルの主人公には賛否が分かれるかもしれない。とはいえ、この手のアニマル・パニック物ではしばしば使い捨てのやられ役として扱われがちなジョックをサメ映画の主役に抜擢したそのアイデアは挑戦的で目新しい。加えて本作の主人公 "TC" ことジーノには情に厚いという一面が見られるため、必ずしも不愉快で腹立たしいばかりのキャラクターには留まっていない。

　脚本的には初代『ジョーズ』と "ニュージャージーサメ襲撃事件" に関するシーンが数多く盛り込まれている。保安官に市長というサメ映画では常套的に見られる役回りから、クライマックスにはサメを狙撃するシーンまで揃えられている。そのパロディ要素の多い作りには少々低俗さを覚える反面、やや頭の弱い主人公のキャラクター性と噛み合ってはいる。やはり観る人を選ぶ点にはなってくるが、一概に好悪は言えないだろう。

　一方でカメラのクローズアップを多用したサメの襲撃シーンの出来栄えはいまひとつ、サメのCGモデルはチープで出番が足りていないなどと、アニマル・パニック物としての難は多い。

　かなり癖の強いサメ映画には違いない。

不死身のサメ映画

アイス・ジョーズ

DATA

原題・別題
AVALANCHE SHARKS
／AVALANCHE SHARK
ATTACK／SHARKALA
NCHE

製作国
カナダ

82分／COLOR

監督
スコット・ホイーラー

製作総指揮
クリスチャン・マッキンタ
イア／キース・ショウ／
カーク・ショウ／スコット・
ホイーラー

脚本
タジ・ナガオカ

撮影
イオアナ・バシル

音楽
デヴィッド・フィンドレイ

出演
アレクサンダー・メンデ
ラック／ケイト・ノタ／ベ
ンジャミン・イースターデ
イ／エリック・スコット・
ウッズ／リチャード・グ
リーソン／ジーナ・ホール
デン／ジャック・カリソン

SHARK LEVEL

恐怖度
★★

オススメ度
★★

トンデモ度
★★★★

STORY

　ウィンターシーズンのゲレンデ、マンモス・マウンテン。その立入禁止区域の裏山に立ち並んでいた四本のトーテムポールが倒れたことで、かつてシャーマンが封印したという人食いザメ "スカッカム" が蘇ってしまった。

　同時期に失踪した弟を探していた海兵隊員ウェイドと、保安官アダムは、マンモス・マウンテンで観光客を襲うスカッカムを発見。だが不死身の亡霊として復活した4匹のスカッカムは一筋縄ではいかず、たちまち追い詰められていくウェイドとアダム。そして立て続けに起こった大雪崩がゲレンデを飲み込んでしまい……。

解説

　舞台設定に雪山を採用したオカルト系サメ映画が、この『アイス・ジョーズ』だ。『スノーシャーク 悪魔のフカヒレ』とアイデアが被っているが、本作の人食いザメは古代生物 "スノーシャーク" とは似て非なる不死身の亡霊 "スカッカム" である。

　監督はスコット・ホイーラー。日本国内では『トランスモーファー リターンズ』(2009) と『アタック・オブ・ザ・キラー・ドーナツ』(2016) が代表作として知られている。

　製作総指揮のキース・ショウと脚本のタジ・ナガオカは、別名義の同一人物。そしてキース・ショウは『ジョーズ・イン・ツナミ』の脚本を務めたリンジー・ジェームズと同一人物である。

　キャストとしては、『ビーチ・シャーク』からエリック・スコット・ウッズとジーナ・ホールデンが出演している。

　本作のスカッカムはときに山の神、精霊、あるいは山に登ってきた人食いザメ、そしてネイティブ・アメリカンの

酋長が山を守るために召喚した怨念の化身として、作中で語り継がれている不死身の亡霊である。その呼称と扱いの違いには、逆に民間伝承として説得力が感じられるから面白い。

　サメの襲撃シーンはまずまずである。雪山という舞台設定と、不死身の亡霊というスカッカムの特徴が展開上さして活用されていない反面、映像的には及第点の出来栄えを備えている。サメの出番がそれなりに多い点と、あえて雪山に屋外用ジェットバスを持ち出してまで、サメ映画定番のビキニ・スタイルの若い女が死ぬシーンを作中に用意している点は好印象だ。

　しかしながら本作のラストは少々受け入れ難い。作中で長々と積み重ねてきた主要人物の奮闘を無に帰すかのごとく唐突に、主人公とは無関係の第三者が、別視点から本編に介入したことで訪れる決着は、あまりに理不尽でとてつもない脱力感を伴うものだ。

　トンデモ系サメ映画の割にはそれなりに見られるが、クライマックスに限ってはやはり個々人の度量が試されることとなるだろう。

ゴースト サメ映画の幻

ゴースト・シャーク

STORY

　荒くれ者の釣り人になぶり殺されてしまった、1匹のホホジロザメ。だが、死の間際にサメが流れ着いた洞窟は、死者に第二の生を与えるパワースポットだった。たちまちあの世から蘇ってきたサメは、水から水に瞬間移動する力を備えた"ゴースト・シャーク"と化して、人類への復讐を企む。

　翌日、近くの海を訪れていたエバとシシリーの姉妹はゴースト・シャークを目撃。重ねて昨日から家に戻っていなかった父が、ゴースト・シャークに噛み殺されていたことが判明する。無差別殺人を行う人食いザメの亡霊をこの世から葬り去るべく、親友のブレイスと共に奮闘するエバとシシリー。

　そして3人はゴースト・シャークが生まれたパワースポットに詳しい灯台の管理人、フィンチという男に辿り着くが……。

解説

　『アイス・ジョーズ』に続くオカルト系サメ映画が、この『ゴースト・シャーク』だ。

　監督は『フライング・ジョーズ』からグリフ・ファースト。

　キャストには『殺人魚獣 ヘビッシュ』(2014) のデイヴ・デイヴィスに、『新アリゲーター 新種襲来』(2013) のエイミー・ブラセットと、日本国内で知名度の高いモンスター・パニック物に出演経験を持つ人物が目立っている。ほかには『奇跡のシンフォニー』(2007) と『大統領の執事の涙』(2013) に出演したロバート・アバディーンが端役ながらも出演している。

　本作の真骨頂は水から水に瞬間移動するというゴース

DATA

原題・別題
GHOST SHARK

製作国
アメリカ

87分／COLOR

監督
グリフ・ファースト

原案
グリフ・ファースト／エリック・フォースバーグ

製作総指揮
ケネス・M・バディッシュ／ジェームズ・T・ブルース4世／スコッティ・アトキンス／ダニエル・ルイス／R・ブライアン・ライト

製作
グリフ・ファースト／ケネス・M・バディッシュ／ダニエル・ルイス

脚本
ポール・A・バーケット

撮影
アンドリュー・ストレイホーン

音楽
アンドリュー・モーガン・スミス

出演
マッケンジー・ロスマン／デイヴ・デイヴィス／スローン・コー／ジャイミ・ボーン／エイミー・ブラセット／ショーン・C・フィリップス／ロバート・アバディーン

SHARK LEVEL

恐怖度
★★★
オススメ度
★★★★
トンデモ度
★★★★

ト・シャークの特徴を生かしたサメの襲撃シーンにあるだろう。風呂場の浴槽から襲ってくるのみならず、スプリンクラーの放水を通じて屋内に現れるわ、ウォーターサーバーから紙コップを通って犠牲者の内臓に潜り込むわ、果ては雨天時には無制限に屋外に出現するわ、その活躍は実にユニークだ。タイトルと設定面での奇抜さばかりが先んじてアイデアの発展性には乏しいトンデモ系サメ映画が多い中で、本作はそのギミックまで掘り下げた上できっちり作り込んである点が素晴らしい。

　主要人物が類型的で、ドラマ性の薄い脚本面には特筆すべき点は見当たらない。加えて話が進むにつれ、「亡霊には生前と同じ死因の武器が通じる」という弱点を後半で出し抜けに反故にするわ、紆余曲折を経てゴースト・シャークと戦う覚悟を固めた主要人物をその後あっさりと殺すわ、ぞんざいに感じる点も多い。しかしながらテンポの良さとサメの襲撃シーンの多さが、モンスター・パニック物として脚本面の脆弱さをカバーしている。その辺りの取捨選択の巧拙は、一概には言い切れないだろう。

　その他、本作には初代『ジョーズ』のパロディ要素がふんだんに盛り込まれている。特に「今日は何曜日？」の台詞で締めくくられるラストは通好みのシーンだろう。とはいえ本作、『ゴースト・シャーク』というオリジナル要素の方が桁違いに面白かったがゆえに、初代『ジョーズ』のパロディ要素がかえって完成度を落としているようには感じた。

　トンデモ系サメ映画の中では大化けした本作、冥途の土産に薦めておきたい。

　余談だが、『GHOST SHARK2 URBAN JAWS』(2015) なるオカルト系サメ映画が、インターネット上でのみ有料配信されている。原題で『ゴースト・シャーク2』の名を冠してはいるものの、本作とは無関係の作品である。

トンデモ系サメ映画のイノベーション

シャークネード

DATA

原題・別題
SHARKNADO／シャークネード サメ台風

製作国
アメリカ
88分／COLOR

監督
アンソニー・C・フェランテ

製作総指揮
デヴィッド・リマウイー

製作
デヴィッド・マイケル・ラット

脚本
サンダー・レヴィン

撮影
ベン・デマリー

音楽
ラミン・コーシャ

出演
アイアン・ジーリング／タラ・リード／ジョン・ハード／キャシー・スケルボ／ジェイソン・シモンズ

SHARK LEVEL

恐怖度
★

オススメ度
★★★

トンデモ度
★★★★★

STORY

メキシコ沖で発生した巨大竜巻デビド。その規格外の自然災害は、海を泳ぐサメの群れを巻き込みつつ、カリフォルニア湾に向かって北上を続けていた。

一方でアメリカ合衆国カリフォルニア州では、かつて伝説のサーファーとまで呼ばれた男フィン・シェパードが、海沿いでちょっとしたバーを経営していた。ところが竜巻の風圧で吹き飛ばされてきたサメが、まるでロケット弾のごとく次々と店に着弾。激しい雨風と空から降ってきたサメのために、哀れバーを失ったフィン。失意の中で彼は、元妻エイプリルと娘のクラウディア、そして息子のマットを守るべく、幾人かの友人を引き連れビバリーヒルズへと急行する。

しかしその間もなお、無数のサメを内外に伴った三本の大竜巻、"シャークネード"は、サメの雨によって市街地に壊滅的被害をもたらしていた。「センパ・パラタス」すなわち「常に備えよ」の警句をモットーに、フィンとその仲間たちは未曽有の天災に立ち向かうが……。

解説

ケーブルテレビ局Syfiチャンネルでの初放送時から視聴者の間に爆発的反響を呼び、一躍初代『ジョーズ』や『ディープ・ブルー』に続くサメ映画のビッグネームとなったばかりか、製作スタジオのアサイラム社に未だかつてない利益をもたらした低予算映画業界の革命児が、この『シャークネード』だ。本作のヒットに便乗した同系統のサメ映画がその後急増した上、シャークネードシリーズが続編を出すタイミングに合わせてSyfiチャンネルがわざわざサメ映画特集を組むまでの一大ムーブメントを巻き起こ

『シャークネード』
DVD発売中
発売元：アルバトロス株式会社

したことからも、"シャークネード"の影響力が窺い知れよう。

　ちなみに派生作としてドキュメンタリー映画の『SHARKNADO: FEEDING FRENZY』(2015) や、モキュメンタリー映画の『SHARKNADO: HEART OF SHARKNESS』(2015)、本編の細かな描写に補足を加えた日本向けのノベライズなどが存在する。

　監督はアンソニー・C・フェランテ。それまでは主に低予算ホラー映画の製作に携わってきた人物だが、幸か不幸か本作を境に『シャークネード』が彼の代表作となる。なお彼はQuintという音楽バンドを率いつつ、自らはボーカルとして『(The Ballad of) Sharknado』という本作のテーマ曲を歌っている。

　シリーズを通しての主演は、テレビドラマシリーズの『ビバリーヒルズ青春白書』(1990-2000) で知られるアイアン・ジーリング。ヒロインは『ビッグ・リボウスキ』(1998) や『アメリカン・パイ』(1999) のタラ・リード。特にタラ・リードは本作に対し「ジョークのつもりで出演した」と語っているが、結果的には『シャークネード』がこの2人

の新たな代表作となった。

　ほか、ホーム・アローンシリーズで主人公の父を務めた
ジョン・ハードや『跳べ！ ロックガールズ〜メダルへの誓
い』(2009-2012) というテレビドラマシリーズのキャシー・ス
ケルボが出演している。

　本作のプロット自体はありふれたディザスター・パニッ
ク物のフォーマットに則っている。得てして夫婦関係ない
し親子関係に悩みがちなタフガイの主人公が、空前絶後の
自然災害を前に再び家族愛を取り戻し、そして諸々の困難
を打破するまでを描いた、ハリウッド発のパニック物には
しばしば見受けられる王道の脚本構成だ。そのためモンス
ター・パニック物として本作を観た場合、物語中盤で主人
公がスクールバスの救助活動を行うくだりや、脇役が荒唐
無稽な陰謀論について噂するくだりなどが、サメ映画にし
てはやや尺稼ぎめいた不要なものに映るかもしれない。

　おおまかな筋書きはともかく、その中で展開される見せ
場の数々は凄まじい。巨大竜巻に巻き込まれ、激しく宙を
舞うサメの群れの画を皮切りに、浸水した路上を泳ぐサメ
の姿や、情け容赦ないネームドキャラクターの死に様、そ
してラストのサメとの一騎打ちなど、かのメガ・シャーク
シリーズと同系統の滑稽至極な見所がいくつも用意されて
いる。シリーズ二作目以降のエスカレートぶりに比べれば
まだずいぶんと大人しく見えるにしろ、やはり衝撃的には
違いない。

　なお撮影の都合上やむを得なかったのか、シーンごとに
天気が晴れたり曇ったりとせわしなく、よくよく画面に目
を凝らすと遠くには自然災害とは無縁の平和な街並みが広
がっていたりもするが、それがかえって本作のばかばかし
さを底上げすることに一役買っている。

　なんにせよ、本作はあまり言葉で語るべき作品ではない
だろう。ぜひともその目でシャークネードを体験していた
だきたい。

DATA
原題・別題
MEGA SHARK VS. MEC
HA SHARK
製作国
アメリカ
86分／COLOR
監督
エミール・エドウィン・スミス
原案
ホセ・ブレンデス
製作総指揮
デヴィッド・リマウイー
製作
デヴィッド・マイケル・ラット
脚本
H・ベリー・ホートン／ホ
セ・ブレンデス
撮影
アレクサンダー・イェレン
音楽
アイザック・スプリンティス
出演
エリザベス・ローム／クリ
ストファー・ジャッジ／マッ
ト・レーガン／ハンナ・レ
ヴィーン／デボラ・ギブ
ソン

SHARK LEVEL
恐怖度
★
オススメ度
★★
トンデモ度
★★★★

サメえいがチャンピオンまつり

メガ・シャークVSメカ・シャーク

STORY

　エジプト、アレクサンドリア港。一隻の貨物船が輸送していた氷山の中から、出し抜けにあのメガ・シャークが現れる。再三に渡る巨大ザメの復活を重く見た国連は、エジプト沖を含む全海域を緊急封鎖して対処。いよいよメガ・シャークの脅威は世界経済に大打撃を与えるまでに至った。

　対する人類は高性能AIネロを搭載した水陸両用の新兵器メカ・シャークを投入。夫婦でメカ・シャークを開発した操縦者ロージーと技術者ジャックは、アメリカ合衆国海軍と連携し、はるばるオーストラリアの海でメガ・シャークとの対決に挑む。

　ところが戦いの最中、ネロのシステムに不具合を起こしたメカ・シャークは、外部からの信号をシャットアウトした自律型ドローンと化して暴走。殺人マシーンに転じた人工知能はメカ・シャークの陸上モードを用い、シドニーの市街地で破壊活動を開始する。メガ・シャークとメカ・シャーク、2匹に倍増した巨大ザメを相手に、ロージーとジャックは捨て身の作戦を決行するが……。

解説

　メガ・シャークシリーズの第三弾が、この『メガ・シャークVSメカ・シャーク』だ。本作のメガ・シャークは体長60メートルに上る巨大ザメだとのことだが、前作のメガ・シャークは体長450メートルのクロコザウルスとほぼ互角の体躯を備えていたことから、そのサイズ差により過去作のメガ・シャークとは別個体の可能性が示唆されている。とはいえメガ・シャークシリーズは元々巨大生物の縮尺がぞんざいで、シーンごとに体長が目測で数十メートルから数百メートルにまで変動していたため、作中で語

られるカタログ上の数値など大して当てにならないという
点も考慮しなくてはならない。

　監督はエミール・エドウィン・スミス。本来は視覚効果
を専門とするスタッフとのことだが、彼は本作で監督とし
て長編デビューを飾っている。

　主演は『ロー＆オーダー』(1990-2010) や『エンジェル』
(1999-2004) などのテレビドラマシリーズで知られているエ
リザベス・ローム。また、スターゲイトシリーズで10
シーズンに渡りレギュラーキャラクターのティルクを演じ
続けたクリストファー・ジャッジも登場。そして一作目と
同じ海洋生物学者の役回りで、本作にはデボラ・ギブソン
が出演している。

　まず本作、映像面では過去作に比べ飛躍的な進化を遂げ
ている。二作目までのメガ・シャークはいささかCGモデ
ルが安っぽかったが、本作のメガ・シャークはディテール
が細かく、もはやチープとは言い難い作りに仕上がってい
る。また過去作からの課題だった水中戦の見辛さが改善さ
れており、サメの襲撃シーンがくっきり画面上に映る点も
好印象だ。

　冒頭でメガ・シャークがスフィンクス像を破壊する
シーンや、2匹の巨大ザメが空高く飛び上がって対決する
シーンに代表される、瞬間最大風速の数々は変わらぬま
ま。終盤にはマイケル・ベイ作品じみたスローモーション
風の演出が挿し込まれてくる点も見逃せない。

　しかしながら本作、尺稼ぎめいた会話劇が悪目立ちして
おり、映像面での魅力を帳消しにするレベルで物語が間延
びしている。かつヒロインが少々情緒不安定気味で、独断
専行でメガ・シャークに攻撃を仕掛けてはそれが裏目に出
て頭を抱えるという展開が幾度となく繰り返されるため、
全体的な冗長さも相まってなかなかフラストレーションが
溜まる作りになっている。少なくとも脚本面とテンポに関
しては、欠点ばかりが過去作に先祖返りしている。
"メカ・シャーク"という響きに興味を引かれた怪獣特撮
好きの方にのみ、本作を薦めておきたい。

DATA

原題・別題
SHARKTOPUS VS. PTE
RACUDA

製作国
アメリカ

88分／COLOR

監督
ケヴィン・オニール

製作
ロジャー・コーマン／ジュ
リー・コーマン

脚本
マット・ヤマシタ

撮影
エルナン・エレーラ

音楽
シンシア・ブラウン

出演
ロバート・キャラダイン／
ケイティ・サヴォイ／リブ・
ヒリス／マリオ・セアラ／
コナン・オブライエン

SHARK LEVEL

恐怖度
★

オススメ度
★★★

トンデモ度
★★★★

2014年

プテロダクティルス＋バラクーダ ＝プテラクーダ

シャークトパスVSプテラクーダ

STORY

　サイモダイン社のサイムズは、太古の翼竜"プテロダク
ティルス"のDNAを基に、塩基配列の損傷部分をカマス
すなわち"バラクーダ"のDNAで補って調整した合体生物
"プテラクーダ"の研究開発を密かに進めていた。

　次世代の動物兵器として、試運転では好成績を残したプ
テラクーダ。だが、サイモダイン社の職員ヴラディミール
が謀反を起こしたために、コントロールを失ったプテラ
クーダは暴走。サイムズと警備責任者のハマーは、プテラ
クーダとヴラディミールの行方を追う。

　一方で、マリンパークの職員ロレーナは、動物兵器の先
駆けシャークトパスが密かに産み落としていた合体生物の
幼体を海で拾うことに。海洋生物学者の功名心に駆られた
彼女は、二代目シャークトパスを研究対象として回収。ロ
レーナの下でシャークトパスは、密かに育てられていくこ
ととなる。

　だが、マリンパークで成長した二代目シャークトパスは
情報流出からサイムズとハマーに露見。そしてサイムズは
制御装置を持ち出すと、プテラクーダの相手としてシャー
クトパスを用いるが……。

解説

　シャークトパスシリーズの二作目が、この『シャークト
パスVSプテラクーダ』だ。ちなみにカマスとプテロダク
ティルスの合体生物"プテラクーダ"は、代謝率と消化吸
収率が不均衡で、常に捕食活動を行っていなければ餓死す
るという運用上の課題を抱えている。

　監督はデクラン・オブライエンに代わって『ディノ

シャーク』のケヴィン・オニール。製作は前作と同様にロジャー・コーマンとジュリー・コーマンだ。

　サイムズ役は『ミーン・ストリート』(1973) ほか、数多くの映像作品で脇役を務めているロバート・キャラダイン。ほかには、テレビ業界で脚本家とプロデューサー、司会者に声優を務めた著名人コナン・オブライエンがカメオ出演している。

　前作と比べて評価するならば、総じて質が上がっている続編だ。サイモダイン社の科学者として独善的に動きながらもプテラクーダを追うサイムズと、警備責任者として常識的に彼を諫めながらも行動を共にするハマーの掛け合いとその折り合いの悪さは面白く、会話劇の妙が増している。

　その他、シャークトパスを使って金儲けを企むヒロインの叔父や、マリンパークを訪れたモンスタークレーマーの夫婦など、全体的に脇役のキャラクター造形が濃い。

　元々そう悪くもなかった映像面は上々で、シャークトパスとプテラクーダの動きに、カメラワークの躍動感、思いのほか見応えを感じる2匹の対決の様は、ビッグバジェット作品に勝るとも劣らない大迫力に仕上がっている。

　その他合体生物の襲撃シーンでは、犠牲者の生首をバレーボールの代わりに扱うくだりや、2匹の動物兵器が犠牲者の体を引き裂くくだりなど、前作から変わらず創意工夫が凝らされている。

　惜しむらくは竜頭蛇尾の脚本面だろう。前半はシャークトパスとプテラクーダの勢いと流れで回していた展開も、後半に力尽きその着地点を見失ってからはいささか失速気味。特に物語の目的が、謀反を起こした職員の確保に移ってからはその傾向が顕著に見られ、ハマーとタッグを組んでいたサイムズの退場後の展開はほとんど消化試合めいた様相を見せている。とはいえ、前作に比べればやはり盛り上がりは持続している。

　細かな難は多い反面、いわゆる怪獣映画に似た趣深さを持つサメ映画である。

DATA
原題・別題
PIRANHA SHARKS
製作国
アメリカ
80分／COLOR
監督
リー・スコット
製作
バーニー・バーマン／マーク・バーマン／ラモーナ・マロリー／リー・スコット
脚本
リー・スコット／バーニー・バーマン／マーク・バーマン
撮影
シュテファン・モーゼック
音楽
ラモーナ・マロリー
出演
ケヴィン・ソーボ／コリン・ガリアン／ラモーナ・マロリー／ジョシュ・ハモンド／ホセ・カンセコ／アル・スノー

SHARK LEVEL
恐怖度
★
オススメ度
★★
トンデモ度
★★★★

2014年

ナノスケールのサメ映画

ピラニアシャーク

STORY

　ブラックソーン産業が開発した生物兵器ナノザメ。微生物レベルに縮小化した肉食獣を、ターゲットの体内に送り込んで殺害するというプロジェクトは、開発中のアクシデントから凍結。ナノザメは家庭用にサイズ調整を施した上で、愛玩動物ピラニアシャークとして売り出されることとなる。

　瞬く間にブームと化したピラニアシャークだが、飼育放棄で野生化した個体が下水道で繁殖。飛躍的に成長した末に、ついには暴走を開始する。

　害虫駆除業者ジャクソンと、ナノザメを作った研究所の元職員ブロディは、ピラニアシャークに立ち向かうが……。

解説

　トンデモ系サメ映画でサメの大型化が進んだ2010年代に、あえて小型化を図ったサメ映画が、この『ピラニアシャーク』だ。本作の人食いザメ、ピラニアシャークは高い再生力と繁殖力、食欲に加えて、飛行能力まで持ち合わせている。

　監督はリー・スコット。ロジャー・コーマンの下で修業したという彼の代表作は『トランスモーファー ── 人類最終戦争 ──』(2007) という、『トランスフォーマー』(2007) を模倣したアサイラム製モックバスター作品である。

　キャストには、テレビドラマシリーズの『ヘラクレス』(1995-1999) と『アンドロメダ』(2000-2005) で知られるケヴィン・ソーボが出演している。

　まず人体に入り込んだナノサイズの人食いザメが血管を泳ぎ回り、標的を体内から捕食するというコンセプトの生物兵器ピラニアシャークがコントロールを失う冒頭のアイ

デアはユニークだ。ピラニアシャークの群れが水道管を通じて現れ、犠牲者を貪るサメの襲撃シーンは、もはや『ピラニア』(1978)じみた様相を呈していたとはいえ、トンデモ系サメ映画として及第点の出来栄えには達している。

　特筆すべきは作中に見られるパロディ要素の多さである。たとえば下水道に放棄したペットが怪物化する展開は『アリゲーター』(1980)、クライマックスに現れる"空飛ぶピラニアシャーク"はジェームズ・キャメロン監督作『殺人魚フライングキラー』(1981)。害虫駆除業者の3人組がピラニアシャークに挑む様は『ゴーストバスターズ』(1984)で、ブロディの名を冠するキャラクターが、"Smile, you son of a bitch!" の一言と共にサメを狙撃するシーンは言わずもがな初代『ジョーズ』だ。

　ただ脚本面には難がある。本作は大別して「害虫駆除業者がピラニアシャークを巡る大騒動に巻き込まれていく」パートと、「研究所の元職員がピラニアシャークを倒す術を探る」パートの二つに分かれている。だが、短い尺に対してあまりに多い主要人物の掘り下げを枝葉末節まで行っている上に、視点が頻繁に切り替わって定まらないがゆえに、プロットが煩雑でテンポは悪い。重ねて、人食いザメを捨て置き進行する主要人物の恋愛模様や、ホームドラマめいたジョークに尺を割いてしまっているため、単に間延びしているのみならずサメの出番までもが減ってしまっているのだ。その辺りの雑然とした脚本構成とその冗長さはいかんせん評価し難い。

　ピラニアシャークという唯一無二の魅力を備えてはいるものの、展開の遅さと人食いザメの活躍の物足りなさがネックとなりうる。本作という小さな人食いザメの前で試されるのは、視聴者の器の大きさに違いない。

DATA

原題・別題

SHARKNADO 2: THE
SECOND ONE／シャー
クネード サメ台風2号／
シャークネード2

製作国

アメリカ

91分／COLOR

監督

アンソニー・C・フェランテ

製作総指揮

デヴィッド・リマウイー

製作

デヴィッド・マイケル・ラット

脚本

サンダー・レヴィン

撮影

ベン・デマリー

音楽

クリストファー・カノ／ク
リス・ライデンハウア

出演

アイアン・ジーリング／タ
ラ・リード／ヴィヴィカ・A・
フォックス／マーク・マク
グラス／カリ・ウーラー／
ジャド・ハーシュ

SHARK LEVEL

恐怖度

★

オススメ度

★★★★★

トンデモ度

★★★★★

『シャークネード カテゴ
リー2』
DVD 発売中
発売元：アルバトロス株
式会社

シャークネードシリーズの決定版

シャークネード カテゴリー2

STORY

あの忌まわしきシャークネード騒動から生き延びた
フィンは、妹エレンやその家族と再会するべく、エイプリ
ルと共にジャンボジェット機でニューヨークへと向かって
いた。ところがフライト中に、新たなサメの群れが嵐の中
から飛来。機体を突き破って内部に侵入してきたサメは、
ほかの乗客やCA、果てはコクピットの機長までをも食い
殺し、たちまち機内は大惨事に陥る。そのタフネスと決断
力、そして飛行機の操縦技術により、辛くも窮地を切り抜
けたフィン。しかし彼が胴体着陸を試みている隙に、空飛
ぶサメに襲われたエイプリルが左手を失ってしまう。

その頃ニューヨークでは、エレンの家族や友人たちが、
それぞれ二手に分かれ団体で市内を観光していた。シャー
クネードの再来を警戒していたフィンは、深手を負ったエ
イプリルを搬送し、エレンの率いるグループには急いで避
難するよう指示しつつも、未だ事情を把握していないもう
一方のグループの元へと自ら急行する。

が、フィンが昔馴染みの親友や折り合いの悪い親戚たち
と野球場で落ち合ったそのとき、ついにシャークネードが
ニューヨークにまで上陸。スタジアム上空から激しいサメ
が辺り一帯に降り注ぐのであった……。

解説

シャークネードシリーズ史上、そしてトンデモ系サメ映
画史上、おそらくは最も評価の高い作品のひとつに挙げら
れるだろうタイトルが、この『シャークネード カテゴ
リー2』だ。

前作で反響の大きかった"チェーンソー"の存在を作品
の代名詞として本編内で度々押し出す作りや、物語のス

ケールの大きさと奇抜さ、そしてクライマックスでの空中戦など、本作がのちのシャークネードシリーズの方向性を決定づけたと見て間違いない。なおその空中戦についてだが、製作時に予算が足りなかったため、アサイラム社はわざわざクラウドファンディングを用いてまで資金を募っている。また集まった金額のうちの一割は、実際にサメの保護活動のために寄付されたとのことである。

　メインキャストは前作から続投。

　そして本作からは、各界著名人のカメオ出演が数多く見受けられるのが特徴だ。いくつか例を挙げるならば、冒頭の飛行機内でフィンとエイプリルにサインをねだるキャビンアテンダントは、"メタルの帝王"ことオジー・オズボーンの娘であるケリー・オズボーン。さらにそのジャンボジェット機の機長は『フライングハイ』(1980)というフライト・パニック・コメディ映画で知られるロバート・ヘイズ。本編の後半に登場する消防署長は、レスリングフリースタイル男子100kg級のオリンピック金メダリストにしてプロレスラーのカート・アングル。その他複数名の司会者やお天気キャスターが、本人役で作中のニュース番組に出

演している。

　なお野球場でのシークエンスにおいて、さも実在の著名人のように語られる野球選手、ハーランド・"ザ・ブラスター"・マクギネスは、リチャード・カインドが演じる架空の人物である。

　ディザスター・パニックめいた持ち味の一作目からは打って変わって、本作はサメ映画でありながら主人公の冒険活劇にフォーカスした、アクション・アドベンチャー映画となっている。またしてもトラブルに巻き込まれた主役のフィン・シェパードが、迫り来るサメをチェーンソーでなぎ倒し、ニューヨーク市民を率いて大都市を救うというストーリーは、さながら英雄譚めいて親しみやすく、誰もがストレートに興奮させられるものだろう。

　それでいてトンデモ系サメ映画らしい外連味に溢れた展開は健在だ。地下鉄内に潜り込んで電車を襲うサメや、炎を身にまとったサメ、シャークネードの被害に遭い損壊する自由の女神像に、エンパイアステートビル上空での最終決戦と、前作からさらに過激さを倍増させた見所の数々は枚挙にいとまがない。相も変わらず支離滅裂でところどころ安っぽく、ほとんど有無を言わせぬ勢いと発想力だけで話を持たせているような作品には違いないが、しかし面白い。

　一作目からあらゆる面での進化を遂げた、素晴らしきエンターテイメント精神に溢れるトンデモ系サメ映画の集大成である。シャークネードシリーズやサメ映画に疎い方は、一作目から順に観ていくより、あえて二作目の本作を先に鑑賞してみるのも、ひとつの手ではあるだろう。少なくとも、そう思わせるだけのポテンシャルは十二分に秘めた傑作だ。

　余談だが、本作冒頭に映った『HOW TO SURVIVE A SHARKNADO』なるペーパーバックは実在する。

ドルフ・ラングレン in サメ映画

ドルフ・ラングレン 処刑鮫

DATA

原題・別題
SHARK LAKE

製作国
アメリカ
93分／COLOR

監督
ジェリー・デューガン

製作
ジェリー・デューガン／
ジェフリー・D・スピルマ
ン／ドルフ・ラングレン

脚本
ゲイブ・バーンスタイン／
デヴィッド・アンダーソン

撮影
ジョナサン・ホール

音楽
マーテル・ニコラス・リ
ヴェラ

出演
ドルフ・ラングレン／サ
ラ・マラクル・レイン／マ
イケル・アーロン・ミリガ
ン／リリー・ブルックス・
オブライアント／ジェー
ムズ・チャルク／マイルズ・
ドリアック／ランス・E・ニ
コルズ

▶STORY

　密輸業で生計を立てていたクリントは、警官のメレディ
スと輸送車でカーチェイスを繰り広げた末に、湖に転落。
幼い一人娘のカーリーを残して取り押さえられたクリント
だが、湖底に沈んだ輸送車に乗っていたオオメジロザメ
が、人知れず解き放たれてしまった。

　それから5年後。育ての親としてカーリーの面倒を見て
いたメレディスは、クリントが仮釈放で出所するという報
告に思い乱れていた。一方で、カーリーの生みの親として
密輸業から足を洗ったクリントにマフィアが接触を図る。

　同じ頃、町では5年の時を経て成長したオオメジロザメ
が湖を荒らし回っていた。マフィアの脅迫から人食いザメ
を捕まえざるを得なくなったクリントと、海洋生物学者
ピーターと共に湖に向かったメレディスはオオメジロザメ
に挑む。

▶解説

　あのドルフ・ラングレンの名を堂々と掲げているサメ映
画が、『ドルフ・ラングレン 処刑鮫』だ。ただし、事実上
の主人公は『シャークトパス』のサラ・マラクル・レイン
である。そして『リトルトウキョー殺人課』(1991) とエクス
ペンダブルズシリーズが代表作の"人間核弾頭"ドルフ・
ラングレンが物語のキーパーソンとして登場。ちなみに、
彼のエンドクレジットの並びは主人公サラ・マラクル・レ
インの上に来ている。

　単刀直入に言って、ストーリーラインの込み入ったサメ
映画である。一人娘カーリーを巡るクリントとメレディス
の確執、メレディスと海洋生物学者ピーターの間に生じた
ラブ・ロマンス、クリントとマフィアの因縁に、アニマ

SHARK LEVEL

恐怖度
★

オススメ度
★★

トンデモ度
★★

『ドルフ・ラングレン 処刑
鮫』
DVD:¥4,180（税込）
デジタル配信中
発売・販売：松竹
提供：ザジフィルムズ

ル・パニック物として暴れ回る人食いザメと、そのストーリーは散漫で焦点が定まっていない。クリントとメレディスの確執を除いたプロットの多くは着地点を見出せていないまま決着を放棄している。

あのドルフ・ラングレンを起用しておきながらもアクション要素が少なく、人食いザメとマフィアの存在を持て余している点もネックだ。クライマックスではドルフ・ラングレンがオオメジロザメと戦うにせよ、お互い薄暗い水面下で絡み合うばかりで見栄えに乏しい。

そもそも本作のオオメジロザメはCGモデルがチープで、サメの出番も少なく、パラセーリング中の観光客を狙った山場の襲撃シーンですら、ごく短い引きのショットであっさりと済ませてしまっている。サメ映画として観ると手緩い点ばかりが目立つ作りの一本になるだろう。

すべてにおいて生温い出来栄えだが、ドルフ・ラングレンのファンならば鑑賞を検討するべきだろう。

三位一体のサメ映画

トリプルヘッド・ジョーズ

DATA

原題・別題
3-HEADED SHARK ATTACK

製作国
アメリカ
89分/COLOR

監督
クリストファー・レイ

製作総指揮
デヴィッド・リマウイー

製作
デヴィッド・マイケル・ラット

脚本
ジェイコブ・クーニー／ビル・ハンストック

撮影
アレクサンダー・イェレン

音楽
クリストファー・カノ／クリストファー・ライデンハウア

出演
カルーシェ・トラン／ダニー・トレホ／ジェイソン・シモンズ／ロブ・ヴァン・ダム／ジェナ・シムズ

SHARK LEVEL

恐怖度
★

オススメ度
★★

トンデモ度
★★★★

STORY

アメリカ合衆国カリフォルニア州沖の孤島から、水深800メートルの海底に45人の職員を抱える海洋汚染研究所ペルセフォネ。世界最高峰の研究所にインターンで訪れたマギーは、自然保護活動団体で働く元恋人グレッグと再会。そして彼女は、ペルセフォネ近海に見られる生物個体の二割が、近年の海洋汚染で突然変異していることを知る。

そのとき、正体不明の巨大生物がペルセフォネを襲撃。辛くも逃げ延びたマギーとグレッグは、人食いザメの突然変異体を目撃する。ペルセフォネを破壊した巨大生物は、三つの頭を持つ"トリプルヘッド・ジョーズ"だったのだ。

三つ首に留まらず体力と凶暴性、水陸両用の適応力に自己再生能力まで獲得していたトリプルヘッド・ジョーズ。海洋汚染から生まれた人食いザメに、マギーとグレッグは立ち向かうが……。

解説

多頭系サメ映画シリーズの第二弾が、この『トリプルヘッド・ジョーズ』だ。前作のサメは二つの頭の隙間が安全地帯となっていたが、本作のサメは隙間にもうひとつ新たな頭を生やし、三つの頭を並べて密着させることで死角を潰している。

監督は前作から引き続きクリストファー・レイ。

キャストには、特にマチェーテシリーズで知られるあのダニー・トレホが出演。ちなみに本作で彼が人食いザメと戦う際に持ち出す得物はやはりマチェーテ(鉈)である。ほかにはプロレスラーのロブ・ヴァン・ダムと、シャークネードシリーズの一作目でバズ役を務めたジェイソン・シモンズが登場している。

『トリプルヘッド・ジョーズ』
DVD 発売中
発売元：アルバトロス株式会社

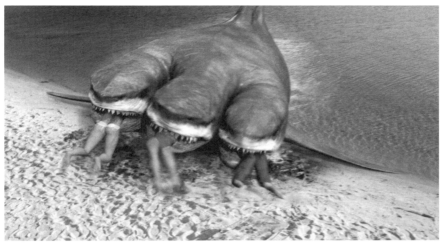

　前半は海洋研究所"ペルセフォネ"で物語が進行する。『ディープ・ブルー』に似た本作の導入部は、人物紹介と環境問題に関わる主題の提示、三つ首の人食いザメという突然変異体のバックボーンを、思いのほか順序立てて展開している。勢い任せの話運びに頼り切りの前作に比べると、その辺りははるかに洗練されている。

　しかしながら話の舞台が海に移ってからは一転して、テンポが悪く行き当たりばったりで見るに堪えない。中盤になってから登場する、取るに足りない脇役の恋愛模様を不必要に掘り下げておきながらも、後半ではほかの脇役と十把一絡げにしてあっさり死なせる展開がその最たる例だろう。クライマックスで右手を失い傷口をタオルで覆った犠牲者の、失くしたはずの右手が、その後のショットで画面上に見え隠れしてしまっている点は論外だ。ラストでは主人公が変則的に人食いザメを仕留めてしまったがゆえに爽快感には乏しい。とにもかくにも後半からの失速ぶりが著しい一本だ。"トリプルヘッド・ジョーズ"がほぼすべてであり、その癖の強さは、多頭系サメ映画シリーズの中に限ってさえ人を選ぶものだろう。

キラーホエール＋ウルフ＝狼鯨

シャークトパスVS狼鯨

STORY

　ついに人の手から逃れた動物兵器シャークトパスは、海を渡ってドミニカ共和国に辿り着くと、現地民を血祭りに上げていた。シャークトパスが引き起こした大騒動に巻き込まれた末、留置所に入ったレイ船長は、代わりに保釈金を払ったブードゥー教の首長タイニーの要求から、シャークトパスの心臓を狩りに行くこととなる。

　同じ頃、度重なる不祥事と加齢による衰えで燻っていた元野球選手のローサ。密かに再起を図っていた彼は、ラインハルトというマッドサイエンティストに若返りのDNA改造手術を求める。しかしながら手術中にアクシデントが発生。ヒトのDNAが崩れた体に、シャチとオオカミのDNA、そして月の光が加わったことで、ローサはシャチとオオカミの合体生物 "狼鯨(オオカミクジラ)" に転生する。

　ラインハルトの管理下に置かれた狼鯨は、ドミニカ共和国沿岸部でシャークトパスと対決。およそ互角に戦うシャークトパスと狼鯨に、レイ船長は……。

解説

　シャークトパスシリーズの三作目が、この『シャークトパスVS狼鯨』だ。プテラクーダに続く第三の合体生物 "狼鯨" の名の由来は、オオカミと "KILLER WHALE"、要はシャチである。

　監督は『シャークトパスVSプテラクーダ』から、ケヴィン・オニール。ほかには製作のロジャー・コーマンにジュリー・コーマン、脚本のマット・ヤマシタ、撮影のエルナン・エレーラと、前作と同じクルーの名が並んでいる。

　主演は『シャークアタック』からキャスパー・ヴァン・ディーン。加えて本作にはミュージシャンの "イギー・

DATA

原題・別題
SHARKTOPUS VS. WHALEWOLF

製作国
アメリカ
88分／COLOR

監督
ケヴィン・オニール

製作
ロジャー・コーマン／ジュリー・コーマン

脚本
マット・ヤマシタ

撮影
エルナン・エレーラ

音楽
チャールズ・バーンスタイン／ライアン・ビヴァリッジ

出演
キャスパー・ヴァン・ディーン／キャサリン・オクセンバーグ／イギー・ポップ

SHARK LEVEL

恐怖度
★

オススメ度
★★★

トンデモ度
★★★★

『シャークトパスVS狼鯨』
DVD 発売中
販売元：株式会社インターフィルム

ポップ”ことジェームズ・ニューエル・オスターバーグ・ジュニアが、女装した看護師としてカメオ出演している。

　過去作に比べるとスラップスティック・コメディ色の強いサメ映画である。SNSにアカウントを持ち、実は主要人物をフォローしていたというシャークトパスに、ブードゥー教の魔術でシャークトパスを操る首長、そして酔拳で悪党と戦う主人公と、シュールギャグの方向性に舵を切っている。そのため、特に後半からのプロットが散漫で、過去作と同じ方向性のサメ映画を求めて鑑賞すると、度肝を抜かれるかもしれない。一方で、細かいことは抜きにコントとして観るならば必ずしも悪くない。その点では賛否が分かれるだろう。

　また、本作のシャークトパスは過去作に対して、その鋭い鉤爪で頭を掻くわ、ショッピングモールの地図を叩いて居場所を伝えるわと感情表現が豊かになっている。狼鯨も同様に、餌を与えられると嬉しそうに舌を出すわ、粗相を叱られると悲しそうに鳴くわとなかなか愛嬌が見られる。

　不条理で低俗、しかしながら個性的である種の面白さは備えたサメ映画だろう。

ギャングとダイヤモンドのサメ映画

シャーク・キラー

DATA

原題・別題
SHARK KILLER

製作国
カナダ／南アフリカ
88分／COLOR

監督
シェルドン・ウィルソン

製作
メアリー・アン・ウォーターハウス／ランス・サミュエルズ

脚本
シェルドン・ウィルソン／リチャード・ビーティー

撮影
トレヴァー・キャルヴァリー

音楽
マーク・キリアン

出演
デレク・テーラー／エリカ・セラ／アーノルド・ヴォスルー／グラント・スウォンビー

SHARK LEVEL

恐怖度
★

オススメ度
★★★

トンデモ度
★★

『シャーク・キラー』
DVD 発売中
販売元：竹書房

STORY

　海嫌いだが、腕利きのシャーク・ハンターとして知られるプレイボーイのチェイス。無軌道に暮らしていた彼に、ギャングのボスに成り上がった兄ジェイクから、"黒ヒレ"と呼ばれるホホジロザメに飲み込まれたダイヤモンドの回収を求める依頼が舞い込んでくる。ジェイクの弁護士ジャスミンと共に、大海原に出たチェイスだが、黒ヒレは一筋縄ではいかず日を改めて出直すことに。

　だが、黒ヒレの腹に眠るダイヤモンドは、宝石類の収集癖を持つ裏社会の支配者ニクスが、手駒のジェイクに命じて強奪した盗品であることが発覚。ダイヤモンドを手中に収めんと企む裏切者ジェイクに対する報復と、ダイヤモンドの奪還に踏み切ったニクスはチェイスを脅迫する。続けてニクスはジェイクの屋敷を襲うと、彼のビジネス・パートナーに過ぎないジャスミンまで拉致することに。

　ジャスミンに少なからず好意を寄せていたチェイスと、未だダイヤモンドに執着するジェイク。利害関係の一致した兄弟は、ニクスのアジトに乗り込むが……。

解説

　アニマル・パニック物を装ってはいるが、その実アクション物のサメ映画が、この『シャーク・キラー』だ。

　監督はシェルドン・ウィルソン。日本国内では『蛾人間モスマン』(2010)、『スノウマゲドン』(2011)が有名だ。

　キャストにはニクス役でアーノルド・ヴォスルーが出演。ハムナプトラシリーズの悪役イムホテップ並びにG.I.ジョーシリーズのザルタンとして特に知られている。

　前半まではオーソドックスな海洋アドベンチャー物として展開する。ダイヤモンドを巡ってホホジロザメと戦うタ

フガイに、気の強い弁護士のヒロイン。そして、並の人食いザメとは異なるホホジロザメの"黒ヒレ"。この手のアクション映画の紋切り型めいたキャラクター造形の主要人物ばかりが揃っているが、一方で掛け合いの妙とキャラクター間の関係性がしっかりと描かれており、案外その印象は悪くない。特に後半から三枚目じみた立ち回りで活躍する主人公の兄ジェイクの小悪党ぶりは魅力的だ。

　サメの襲撃シーンは及第点の出来栄えだろう。サメ映画として目立った長所は少ない反面、あえて言及せねばならぬような短所は見当たらないかと思われる。

　そして本作、後半からは人食いザメを捨て置き、ギャング間のダイヤモンドを巡る抗争が主軸となる。その出来栄えだが、低予算アクション物としてまずまず面白いから逆に困ったものだ。とはいえ、物語のクライマックスには主要人物が総出で人食いザメと対決するため、かろうじてサメ映画としての面目は保たれていると言えなくもない。

　ダイヤモンドとまではいかないにせよ、小粒なりに輝いている一本には違いない。

進撃のサメ映画

メガ・シャークVSグレート・タイタン

STORY

　三度に渡るメガ・シャークとの戦いから1年後。未だ世界経済は停滞し、今や多くの国々が大混乱に陥っていた。そんな中、リオ・デ・ジャネイロ沖でエネルギー資源の不法採掘を行っていたロシア船が、新たに出現した体長9メートルのメガ・シャークと遭遇。実は死ぬ間際に単為生殖を行い、自らのクローンを産み落としていたという先代メガ・シャーク。そして新生メガ・シャークが、掘削作業中に目を覚ましてしまったのだ。たちまちロシア船と米海軍を一蹴したメガ・シャークの稚魚は、加速度的に巨大化。海洋生物学者アリソンと大富豪ジョシュアは、メガ・シャークの専門家として巨大ザメを捕獲するべく行動を開始する。

　その頃、ウクライナ・チェルノブイリの立入禁止区域では、旧ソ連が誇る天才科学者が生み出した巨大人型兵器コロッサスが起動。半永久的動力源の新エネルギー、レッドマーキュリーで稼働するコロッサスは、重武装した移動爆弾として、世界各地を焦土に変えていく。物理的には破壊不可能と目されるコロッサスを緊急停止させるべく、密かに捜査を行っていたCIAのキングとスペンサーは、その過程でアリソンとジョシュアに接触。利害関係の一致から協力態勢を取る二組は、かつてコロッサスを設計したセルゲイ・アブラモフなる人物の行方を追う。

　各陣営の思惑が交差する中で、メガ・シャークとコロッサスはついに対峙するが……。

解説

　日本の漫画作品『進撃の巨人』の"超大型巨人"に酷似し

DATA

原題・別題
MEGA SHARK VS. KOLOSSUS

製作国
アメリカ
89分／COLOR

監督
クリストファー・レイ

製作総指揮
デヴィッド・リマウイー

製作
デヴィッド・マイケル・ラット

脚本
エドワード・デルイター

撮影
ローラ・ベス・ラヴ

音楽
クリス・ライデンハウアー／クリストファー・カノ

出演
イリアナ・ダグラス／アーネスト・L・トーマス／エイミー・ライダー／ブロディ・フッツラー／アダム・ダネルズ

SHARK LEVEL

恐怖度
★

オススメ度
★★★

トンデモ度
★★★★

『メガ・シャークVSグレート・タイタン』
DVD 発売中
発売元：アルバトロス株式会社

た巨大ロボットで話題となった、メガ・シャークシリーズの
第四弾が、この『メガ・シャークVSグレート・タイタン』
だ。『進撃の巨人』のみならず、作中では日米のゴジラシ
リーズに登場する架空の水中酸素破壊剤"オキシジェン・
デストロイヤー"がメガ・シャークに対して用いられるな
ど、過去作に増して日本のサブカルチャーをオマージュし
た作りとなっている。

　監督は『メガ・シャークVSクロコザウルス』からクリス
トファー・レイ。

　主演はイリアナ・ダグラス。そのフィルモグラフィーはテ
レビドラマシリーズまで含めて百を上回る実力派だ。余談だ
が、彼女の祖父は『チャンス』(1979)で第52回アカデミー助演
男優賞を受賞したあのメルヴィン・ダグラスである。

　本作はメガ・シャークシリーズの中で、最も完成度の高
い作品のひとつに挙げられるだろう。メガ・シャークを追
う陣営とコロッサスを追う陣営が、大勢の主要人物と共に
それぞれのドラマを展開しながらも、構成面が極めて明快
で順序立てられており、クライマックスでは複数
のプロットがしっかり一本に収束していく。その

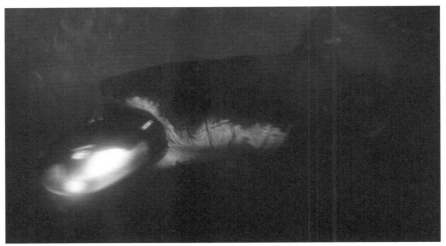

上で後半にはちょっとしたどんでん返しが用意されている
などと、脚本のまとまりと意外性、そしてテンポの良さに
かけてはシリーズ屈指の出来栄えだ。

　もちろん、指先から怪光線を放つコロッサスや、大気圏
外の衛星兵器を撃墜するメガ・シャークなどの、トンデモ
系サメ映画らしい見所も用意されている。さすがに四作目
ともなるとインパクト面では薄れてくるにせよ、その作り
込み自体は上々だ。

　その他、いささか安っぽい潜水艦のセットや、現実離れ
した動きでひたすら後手に回り続ける国連とアメリカ海
軍、少々御都合主義的に鎮圧されていくテロリストなどが
難点だと言えなくもないが、今さらその程度の事柄が槍玉
に挙げられるシリーズではないだろう。

　良いニュアンスでシリーズ特有の大味さを残しつつも、
全体的にはすっきりした単純娯楽作品として仕上げられて
いる。アサイラム作品らしからぬ、比較的万人向けのサメ
映画だ。

DATA

原題・別題
ROBOSHARK

製作国
カナダ／ブルガリア

87分／COLOR

監督
ジェフリー・スコット・ランドー

製作総指揮
クリスティーナ・カムビトーヴァ／ローマ・ロス

製作
ジェフリー・スコット・ランドー／フィリップ・J・ロス／ジェフリー・ビーチ

脚本
ジェフリー・スコット・ランドー／フィリップ・J・ロス

撮影
ジョージ・ヴァシレフ

音楽
クロード・フォイジー

出演
アレクシス・ピーターマン／マット・リッピー／ナイジェル・バーバー／ヴァネッサ・グラス／アイザック・ヘイグ／ローラ・デイル／スティーヴ・サイヤーズ

SHARK LEVEL

恐怖度
★

オススメ度
★★★★

トンデモ度
★★★★

2015年

PART SHARK, PART MACHINE, ALL MOVIE.

ロボシャークvs. ネイビーシールズ

STORY

　正体不明の宇宙船が射出した金属体が、地球上に着水した。そして近くを遊泳していたホホジロザメが、本能的に金属体を捕食してしまったことから、事態は一変する。金属体を通じて外宇宙のテクノロジーを得たホホジロザメが、機械生命体"ロボシャーク"に生まれ変わってしまったのだ。

　無軌道に暴れ回った末、シアトルに向かったロボシャーク。機械仕掛けの人食いザメが暴走しているという情報を得たTVレポーターのトリッシュは、スクープを求めてロボシャークを追う。

　水道局に勤める夫リックと、SNSに詳しい娘メロディの助けを得てロボシャークを追い詰めたトリッシュ。だが、アメリカ合衆国海軍特殊部隊ネイビーシールズが現れて……。

解説

　超機械生命体がトランスフォームするサメ映画が、この『ロボシャークvs.ネイビーシールズ』だ。『メガ・シャークVSメカ・シャーク』とアイデアが被っているが、本作の"ロボシャーク"はTwitterを通じて絵文字を使ったDMを送ってくる。

　監督、製作、共同脚本はジェフリー・スコット・ランドー。製作、共同脚本のフィリップ・J・ロスは、あのレイク・プラシッドシリーズとクライモリシリーズを含む数多くの低予算映画に関わってきた人物で、フィリップ・J・ロス・Jr、フィリップ・ロス、ポール・ジョシュア・ルービンという別名義を持つ。

　そしてメロディ役は『アンツ・パニック 巨大

蟻襲来』（2017）と『レザーフェイス──悪魔のいけにえ』（2017）に出演したヴァネッサ・グラスだ。

『シャークトパスVS狼鯨（オオカミクジラ）』に引き続き、本作はスラップスティック・コメディ系のサメ映画である。とかくエキセントリックに振る舞う海軍司令官に"ビル・グレイツ"なるビル・ゲイツをモデルとした大富豪の介入、そしてコミュニケーションツールとしてTwitterのアカウントを作るロボシャークに、その方向性は顕著だ。

脚本的には大味ながらも悪くはない。一般市民に過ぎない主人公とその家族が、SNSを駆使してロボシャークを追い詰めた末、ストリーミング配信を通じて再生数を稼ぎ、同じ一般市民という後ろ盾を得る展開は、なかなか痛快で楽しい。とはいえ、金属体と宇宙船、そしてロボシャークに関する設定面はさほど練り込まれてはいないので、あくまでコメディ物として楽しむべきだろう。

少々色物じみた邦題ながらも根本的には勧善懲悪の物語で、主要人物のキャラクター造形も感情移入しやすい。その明るさと笑いでは、トップクラスのサメ映画だろう。

『ロボシャークvs.ネイビーシールズ』
デジタル配信中
DVD 4,180円（税込）
発売・販売元：ソニー・ピクチャーズ エンタテインメント

DATA

原題・別題
SHARKANSAS
WOMEN'S PRISON
MASSACRE／
SHARKANSAS

製作国
アメリカ
84分／COLOR

監督
ジム・ウィノースキー

製作総指揮
アレックス・ニューネッズ
／アルバート・デルガドJr.

製作
スティーヴ・ゴールデン
バーグ

脚本
ジム・ウィノースキー／ウィ
リアム・デヴァー

撮影
デヴィッド・M・ラコッチー

音楽
チャック・シリノ

出演
ドミニク・スウェイン／ト
レイシー・ローズ

SHARK LEVEL

恐怖度
★

オススメ度
★★

トンデモ度
★★★

『シャーク・プリズン 鮫地
獄女囚大脱獄』
DVD発売中
発売元：アルバトロス株
式会社

2015年

サメ映画・ブレイク

シャーク・プリズン
鮫地獄女囚大脱獄

STORY

　アメリカ合衆国アーカンソー州で、デルガロ石油が古い油井を水圧破砕したことから、地底に眠る前人未到の海が地表と繋がってしまった。加えて開通した穴から古代生物シャークサウルスが地上に出現。並々ならぬ凶暴性と水陸両用の適応力を持つシャークサウルスは、淡水域から地中を掘り進んでは人類を襲い始める。

　時を同じくして近くの大森林地帯では、女子刑務所の囚人グループが野外作業を行っていた。その中で密かに脱走を企てていたアニタは、外部の手引きを得て刑務官を無力化することに成功。囚人グループを巻き込みつつもアジトに逃げ込む。

　万事順調に進んでいた脱獄計画だが、血の匂いに誘い込まれたシャークサウルスの群れが、突如としてアニタと囚人グループの前に姿を現し……。

解説

　往年のエクスプロイテーション映画に似た副題を持つサメ映画が、この『シャーク・プリズン 鮫地獄女囚大脱獄』だ。

　監督は『キルボット』(1986)、『怪人スワンプシング』(1989)、『ジェラティノス』(2001)、『ダイナクロコvsスーパーゲイター』(2010)、『ピラナコンダ』(2012)と、数多くの低予算パニック物に関わっているジム・ウィノースキー。ロジャー・コーマンの門下生として知られる彼はサルバドール・ロス、ノーブル・ヘンリー、H・R・ブルーベリー、ロブ・ロバートソン、J・R・マンディッシュ、ジェイ・アンドリュースと、数多くの別名義を使い分けている。

　ヒロインは『ロリータ』(1997)が代表作のドミニ

ク・スウェイン。加えて元ポルノ・スターとして波乱万丈
の半生を送ったトレイシー・ローズが出演している。

　一昔前のエクスプロイテーション映画と重なる、生温い
低俗さが売りのサメ映画である。作中ではしばしば胸元を
強調したノースリーブのコスチュームにキャットファイ
ト、過剰なスキンシップから口汚いジョークと、脱力感を
伴う掛け合いとサービスシーンを垂れ流している。

　古代生物シャークサウルスは脇役に近い扱いで、サメの
襲撃シーンは短いショットであっさりと済ませてしまって
いることが多い。尖った突起物を生やしたシャークサウル
スのデザインは特徴的で面白かった分、その活躍の少なさ
は惜しくもある。

　残酷表現は至ってマイルド。しかしながら本作、一方で
死傷者数はやけに多い上、主要人物が次々と命を失ってい
く。その辺りを含めて、ほどほどに下品で安っぽい単純娯
楽作品だ。

　ある種のイメージビデオとして、肩の力を抜いて鑑賞す
るべきサメ映画だろう。

DATA

原題・別題
RAIDERS OF THE LOST
SHARK

製作国
アメリカ

71分／COLOR

監督
スコット・パトリック

製作
ブレット・ケリー

脚本
ブレット・ケリー／デヴィッ
ド・A・ロイド

撮影
アンバー・ピーターズ／
ジェレミー・ブラッドム／
スコット・パトリック

出演
キャンディス・リッドストー
ン／キャサリン・メアリー・
クラーク／ジェシカ・ハー
ザー／ローレンス・イーヴ
ンチック

SHARK LEVEL

恐怖度
★

オススメ度
★

トンデモ度
★★★★

2015年

レイダース 失われたシャーク

ロスト・ジョーズ

STORY

　かつてマーフィー島に向かった科学者レイノルズは、巨大生物メガロドンと遭遇。調査隊のクルーと妹を失いながらも、かろうじてその人食いザメを仕留めたという。

　それから時は流れて現在、レイノルズは大学教師として教鞭を執っていた。ところが、風の便りにレイノルズの経歴を知った3人の学生が、興味本位からマーフィー島に発つことに。

　だが同時期のマーフィー島では、湖底の洞窟で眠っていた2匹目の人食いザメが暴れ回っていた。ドラゴン・レディーの異名で知られるマーフィー島の所有者ジャネットは、深い専門知識を持つレイノルズに協力を要請。

　だが2匹目の人食いザメは、マッドサイエンティストの遺伝子操作で飛行能力を獲得した生物兵器で……。

解説

　『ジュラシック・シャーク』に続いてブレット・ケリーが製作したサメ映画が、この『ロスト・ジョーズ』だ。ちなみにタイトルはインディ・ジョーンズシリーズの『レイダース 失われたアーク《聖櫃》』(1981)、原題『RAIDERS OF THE LOST ARK』のパロディである。

　製作・共同脚本は『ジュラシック・シャーク』からブレット・ケリー。監督・撮影はスコット・パトリックという変名を用いたブレット・ケリー。要はブレット・ケリーが併せて監督と撮影を務めていることになる。

　本作は『ジュラシック・シャーク』の焼き直しじみたサメ映画である。湖に潜むメガロドンを扱ったプロットのみならず、ロケーションが『ジュラシック・シャーク』と同じ湖で、数名のキャストが『ジュラシック・

シャーク』から続投しており、そして『ジュラシック・シャーク』に用いた映像素材を使い回しているがゆえに、その既視感は拭えない。

　脚本的には、前作に比べるとコメディ色が強まっている。しかしながら警察署の2人組が話の合間に行う寸劇と、とかく気取ったジョークを挟みがちな主要人物の台詞回しはかえって作品のテンポを損ねており、前作に引き続きその冗長さは否めない。が、不器用ながらに考えられてはいる会話劇に関しては前作よりも改善されている。

　出し抜けに浮遊、滑空する人食いザメの活躍はひとつの見所だろう。確かに空飛ぶサメは面白い。とはいえ、あからさまに奇を衒った笑い頼りで作っていることが透けて見える点は少々興醒めではある。そしてサメのCGモデルはチープで、そのモーションは明らかに手を抜いている。

　やはり不特定多数には薦められないサメ映画だ。"アーク《聖櫃》"と並ぶ極秘事項として開封を禁ずるべきだろう。

DATA

原題・別題
SHARK EXORCIST
製作国
アメリカ
71分／COLOR
監督
ドナルド・ファーマー
製作総指揮
ドナルド・ファーマー／ジェ
ミー・ニコルス
脚本
ドナルド・ファーマー
撮影
ジェミー・ニコルス／ルス
トン・ヘンリー・Jr.
音楽
トニー・プロファー
出演
アンジェラ・ケレック／ボ
ビー・ケレック／チャニン
グ・ドッドソン／マディソ
ン・コーニー／アリーン・
ハンティントン／ロニ・ジョ
ナ／クリスティン・ヴァン
フーザー

SHARK LEVEL

恐怖度
★
オススメ度
★
トンデモ度
★★★★★

ジョーズVSエクソシスト

デビルシャーク

STORY

　13人に上る児童を虐待死せしめたカトリックの修道女リンダ・ブレア。世を憎むリンダはテネシー州パリス・ランディングの湖に生贄の血を捧げると、人食いザメの悪魔を召喚する。

　それから1年後。エミリー、アリ、ローレンという3人の若い女が湖を訪れる。ところが、湖に潜んでいたデビルシャークがアリを襲撃。人食いザメの襲撃で深手を負ったアリだが、不思議なことに数日後には傷ひとつ残さず元通りに回復する。実はアリの体には、デビルシャークの歯を通して悪魔が憑依していたのだ。

　デビルシャークは湖を拠点にすると、アリを操って悪魔の眷属（けんぞく）を増やしていく。一方で、遠くから悪魔の降臨を悟ったマイケル神父は、はるばるパリス・ランディングに向かうが……。

解説

　悪魔と人食いザメを組み合わせたサメ映画が、この『デビルシャーク』だ。本作には『エクソシスト』(1973)に出演した女優リンダ・ブレアと同姓同名の主要人物が登場している。そして作中ではデビルシャークの手で悪魔の眷属と化したキャラクターが、『エクソシスト』よろしく黄褐色の吐瀉物を噴き出す。

　監督、製作総指揮、脚本はドナルド・ファーマー。遡ること70年代からショートムービーを製作しているが、日本国内では無名の人物である。

　一本の映像作品として破綻したサメ映画である。本作は無目的で間延びした、前後の整合性が読み取れないシーンの羅列で成り立っている。具体的には、主要人物

常にショットが別撮りで、主要人物と同じ画面内には現れないデビルシャーク

がサイレントで長々と遊園地を歩き回るシーン、端役がサイレントで長々と水族館を歩き回るシーン、端役が長々とジョギングするシーン、脇役の霊能力者が長々と痙攣するシーンに加えて、映像素材の垂れ流しと切り貼り、そして脚本的に薄い本編の水増しに等しい長回しが目立つのだ。

　本作の"デビルシャーク"は3Dモデルをクロマキー合成する編集技術さえ持ち合わせていなかったのか、常にショットが別撮りで、主要人物と同じ画面内には現れない。中盤でデビルシャークがスクールカースト上位の女学生を襲撃する数フレームのショットにのみ、人食いザメとキャストが同じ画面上に映っているが、よくよく見ると『ロスト・ジョーズ』の、人食いザメがヒロインの妹を襲撃するショットに色調補正を加えた映像素材を丸々流用している。悪魔と人食いザメを組み合わせたアイデアは面白い分、本作の志の低さはただただ残念に思うばかりである。

　当たり外れの大きいサメ映画の中でさえ、桁外れに罰当たりだと言わざるを得ない一本だ。その出来栄えはまさしく悪魔の所業だろう。

DATA

原題・別題
ZOMBIE SHARK／SHARK ISLAND

製作国
アメリカ

88分／COLOR

監督
ミスティ・タリー

製作総指揮
ケン・バディッシュ／ダニエル・ルイス

製作
ケン・バディッシュ／ダニエル・ルイス／エリック・デイビス

脚本
グレッグ・ミッチェル

撮影
マット・ベル

音楽
アンドリュー・モーガン・スミス

出演
キャシー・スティール／スローン・コー／バッキー・アンドリューズ／ジェイソン・ロンドン／ロジャー・J・ティンバー／ローラ・カユーテ／ロス・ブリッツ

SHARK LEVEL

恐怖度
★★

オススメ度
★★

トンデモ度
★★★★

『ゾンビシャーク 感染鮫』
DVD：¥4,180（税込）
デジタル配信中
発売・販売：松竹
提供：ザジフィルムズ

2015年

シャーク・オブ・ザ・デッド

ゾンビシャーク 感染鮫

STORY

　シャーク・アイランドの異名を持つレッドプラム島では、密かに蘇生薬の研究開発が進められていた。しかしながら実験体のホホジロザメ "ブルース" が檻を破って脱走。知性と不死性を兼ね備えた人食いザメ、ゾンビシャークと化したブルースは、レッドプラム島の観光客とホホジロザメをゾンビにして支配下に置く。

　同じ頃、ボーイフレンドの誘いでレッドプラム島を訪れた、アンバーとソフィの姉妹。だが、ボーイフレンドが浜に打ち上がっていたホホジロザメの亡骸に食い殺されてしまった上、移動手段に用いるモーターボートの鍵まで失ってしまった。重ねてレッドプラム島には激しい嵐が迫っており、助けは来ない。奇しくも島に閉じ込められてしまったアンバーとソフィを、陸と海からゾンビが襲う……。

解説

　サメ映画にゾンビ映画を掛け合わせたトンデモ系サメ映画が、この『ゾンビシャーク 感染鮫』だ。ちなみにルチオ・フルチ監督作『サンゲリア』(1979) にゾンビと人食いザメが互角に戦うシーンが存在する。

　監督はミスティ・タリー。国内未ソフト化サメ映画の『OZARK SHARKS』(2016) と『MISSISSIPPI RIVER SHARKS』(2017) を手掛けた人物だ。

　キャストには『ゴースト・シャーク』からスローン・コーが出演。ほかには日米合作の『クリスマス黙示録』(1996) で天海祐希と共演したジェイソン・ロンドンが登場している。

　サメ映画には珍しく、人物描写に凝っている点が本作の特徴だろう。面倒見の良い姉として振る舞っているアンバーは、かつて素行不良で、未成年で産んだ赤ん坊を

養子に出してしまった過去を悔やんでいるとのこと。対する妹のソフィは生真面目で文武両道の優等生だが、親と姉の過干渉には反発心を抱いている。そして両親はソフィを溺愛する一方でアンバーを冷遇しているが、内心では不器用ながらもアンバーと和解することを望んでいるという。

　ただし、ここまで深く掘り下げたにもかかわらず、本編で展開した人間模様の着地点が見当たらない点はネックだ。親子の確執並びに姉妹のコンプレックスというテーマを作中に提示しておきながらもその後はただ単にゾンビシャークを倒してラストを迎えてしまっている。加えてクライマックスの少々暗澹たる展開には、やや納得しかねる。

　サメとゾンビの出番は控えめだ。ゾンビシャークが鉈で頭を貫かれてなお暴れ回るシーンと、吹き飛ばされたゾンビシャークの頭が人を襲うシーンに関しては特筆すべきだろう。しかしながら残酷表現に乏しい演出面と、その他サメとゾンビの襲撃シーンの物足りなさが局所的に見られる山場を打ち消している。

　共に人を貪るサメとゾンビ、その食い合わせはやはり悪かったようだ。

DATA

原題・別題
シャークネード3／SHARKNADO 3: OH HELL NO!

製作国
アメリカ

89分／COLOR

監督
アンソニー・C・フェランテ

製作総指揮
デヴィッド・リマウイー

製作
デヴィッド・マイケル・ラット

脚本
サンダー・レヴィン

撮影
ベン・デマリー／ローラ・ベス・ラヴ／スコット・ホイーラー

音楽
クリストファー・カノ／クリス・ライデンハウア

出演
イアン・ジーリング／タラ・リード／キャシー・スケルボ／デヴィッド・ハッセルホフ／ボー・デレク／ライアン・ニューマン／フランキー・ムニッズ

SHARK LEVEL

恐怖度
★

オススメ度
★★★

トンデモ度
★★★★★

『シャークネード エクストリーム・ミッション』
DVD 発売中
発売元：アルバトロス株式会社

サメ映画のスター・ウォーズ計画

シャークネード エクストリーム・ミッション

STORY

　前代未聞の天変地異シャークネードの脅威からロサンゼルスとニューヨークを救ったフィン・シェパードは、アメリカ合衆国大統領からその功績を称えられ、ホワイトハウスで大統領文民自由勲章を授与されることとなった。しかし授章式の最中、三度出現したシャークネードがワシントンD.C.に接近。ただちにチェーンソーで応戦したフィンだが、激しい嵐と空飛ぶサメの群れに襲われたホワイトハウスは壊滅する。

　同じ頃、フィンとの第三子をみごもっていた妻エイプリルと娘クラウディア、そしてエイプリルの母メイ・ウェクスラーは、ユニバーサル・スタジオ・フロリダを観光していた。だが東海岸で続々と発生していたシャークネードは、フロリダ州オーランドにまで上陸。かつてない大規模災害と化したシャークネードがシェパード家に迫る。

　家族の身を案じるフィンはオーランドに急ぐ中で、かつて雇っていた店の従業員ノヴァと再会。今やサメへの憎しみから様々な戦闘技術を会得し、最先端科学を駆使してシャークネードを追うまでに至った彼女と共に、過去最大級のシャークネードと対決する。

　そしてフィンはNASAにコネクションを持つ父ギルバートに応援を要請し、宇宙からサメを撃滅せんとスペースシャトルに乗り込むが……。

解説

　一作目に続き二作目までもがヒットを飛ばし、ますます勢いづいてしまったシャークネードシリーズの三作目が、この『シャークネード エクストリーム・ミッション』だ。

　アサイラム社は本作のアメリカ合衆国大統領役として、のちの第45代アメリカ合衆国大統領、ドナルド・トランプに出演のオファーをかけていたが、その当時トランプ陣営は2016年の大統領選に向けて出馬する準備で忙しく、アサイラム社に対しての正式な承諾の返答が遅れてしまったことから両者の間にすれ違いが発生し、最終的なキャスティングは急遽実業家のマーク・キューバンに変更となった。ちなみに、当のドナルド・トランプ自身は出演を楽しみにしていたとのことである。

　メインキャストはおよそ変わらぬまま、一作目でサブヒロインのノヴァを演じたキャシー・スケルボが再登場。ただしフィンの娘クラウディア役のキャスティングのみ、一作目のオーブリー・ピープルズからライアン・ニューマンへと変更されている。

　さらにはフィンの父ギルバート・グレイソン・シェパード役として、ナイトライダーシリーズなどでおなじみのデヴィッド・ハッセルホフが新たに出演。ほかには『オルカ』(1977) や『テン』(1979) のボー・デレク、テレビドラマシリーズの『マルコム in the Middle』(2000-2006) で知られる

フランキー・ムニッズが脇を固めている。本作のカメオ出演は、前作をはるかに上回る人数となっているため割愛する。

　前作から作品としての方向性はそのままに、とにかく話の風呂敷を広げては、はったりを利かせた演出と勢いで間を繋いだ展開が本作の、そして三作目から六作目までのシャークネードシリーズの特徴だ。ホワイトハウスとワシントンD.C.の崩壊、ユニバーサル・スタジオでの大パニック、軍用機を用いたシャークネードとの決戦、そして宇宙空間を遊泳するサメの群れ、これらすべてが一作品内に詰め込まれている。そのお祭り騒ぎのテンションには捧腹絶倒するほかないものの、一方で過去作に比べると話のまとまりが弱く、構成面に関してはやや散漫な印象を与えるかもしれない。

　また作中には007シリーズ風のタイトルシークエンスや、『アルマゲドン』(1998)風のスローモーションなど、往年の名作映画を基にしたパロディシーンが数点盛り込まれている。一作目の時点ですでに『ジョーズ』のオマージュを行っていたシャークネードシリーズではあるものの、本編でここまであからさまにパロディ要素を押し出すようになったのは、この三作目から。ゆえに本作は過去作と比較して、良かれ悪しかれ大衆的コメディ・ムービーとしての側面が強い作りとなっている。

　もうひとつ、三作目以降のシャークネードシリーズは続編ありきの後を引く結末、いわゆるクリフハンガーを五作目まで連用しており、物語が作品単体で完結しないため、その辺りは好みが分かれるポイントだ。

　なまじ前作が素晴らしかった分、手放しには褒められないが、ほかのトンデモ系サメ映画とは一線を画す面白さは未だ保たれている一本だ。なによりクライマックスのインパクトでは、前作に勝るとも劣らないだろう。

　余談だが、本作には同じアサイラム製サメ映画である『トリプルヘッド・ジョーズ』の本編映像が、数ショットばかり映るくだりが存在する。

サメ映画、あるいは現代のプロメテウス

フランケンジョーズ

STORY

　カッツマン・コーブの港町を訪れたマッジ、クープ、スキップの3人。バカンス中に近くの孤島に迷い込んでしまった一同は、ナチス・ドイツ時代のマッドサイエンティストと遭遇する。アドルフ・ヒトラーに忠誠を誓って、死者蘇生の研究実験を行っていたマッドサイエンティストは、フランケンシュタインの怪物の脳と心臓を継ぎ接ぎの人食いザメに移植した"フランケンジョーズ"の製作に没頭していたのだ。

　成り行きからマッドサイエンティストに捕まってしまった3人は、フランケンジョーズの研究開発に手を貸すことに。3人の助力を得て、ついに最終調整を済ませたフランケンジョーズだが、瞬く間に暴走を開始して……。

解説

　往年のエクスプロイテーション映画の二大巨頭であるサメとナチスを組み合わせたサメ映画が、この『フランケンジョーズ』だ。作中の人食いザメは、邦題と日本語字幕では"フランケンジョーズ"の名で通っているが、原題と元言語では"シャーケンシュタイン"という名で呼ばれている。

　監督はマーク・ポロニア。双子の兄弟ジョン・ポロニアと共に"ポロニア・ブロス・エンターテイメント"を設立した、インディー映画業界のベテランだ。ジョン・ポロニアは2008年に亡くなってしまったが、マーク・ポロニアは今なお兄の遺志を継いで"ポロニア・ブロス・エンターテイメント"として映像製作に取り組み続けている。

　衒学的で、趣味性の強いインディー映画である。怪奇ホラー物のうんちくとアニマル・パニック物の様式美に言及

DATA

原題・別題
SHARKENSTEIN

製作国
アメリカ

73分／COLOR

監督
マーク・ポロニア

製作
ロブ・ハウスチャイルド

脚本
J・K・ファラー

撮影
アラン・ワイオミング

音楽
グレッグ・スタニーナ／ダニー・ムスコブラット

出演
グレタ・ヴォルコヴァ／ケン・ヴァン・サント／タイタス・ヒムルバーガー／ジェームズ・カロラス／ジェフ・カーケンドール

SHARK LEVEL

恐怖度
★

オススメ度
★★★

トンデモ度
★★★★

出来栄えはチープだが、パッチの多いフランケンジョーズのデザインには愛嬌を感じる

を始める主要人物に、メタフィクション的ジョークを交え
た台詞回し。『スノーシャーク　悪魔のフカヒレ』と同系統
の二次創作的趣向を凝らしたサメ映画だ。

　映像面ではクロマキー合成の多用に、ストップモーショ
ンで動く"フランケンジョーズ"人形の活躍が目を引く。
その出来栄えはチープだが、パッチの多いフランケン
ジョーズのデザインには愛嬌を感じる。

　その他、少しばかり独り善がりの傾向が見られるポロニ
ア・ブロス・エンターテイメント作品の割には、視聴者と
同じ目線で作ってある映像作品である。単なる間延びした
アイデアの垂れ流しとは異なり、不器用ながらに起承転結
を考えた脚本構成、二本の腕を得て陸に上るフランケン
ジョーズという荒唐無稽とはいえ意外性を備えた展開、そ
して脱力感に溢れるラストと、それなりに見られる一本に
は仕上がっている。

　その完成度は低い反面、物珍しさから観る分には差し支
えない面白さを持つサメ映画だろう。

プラネット・オブ・ザ・ジョーズ

PLANET OF THE SHARKS
鮫の惑星

DATA

原題・別題
PLANET OF THE SHARKS

製作国
アメリカ
90分／COLOR

監督
マーク・アトキンス

製作総指揮
デヴィッド・リマウイー

製作
デヴィッド・マイケル・ラット

脚本
マーク・アトキンス／マーク・ゴットリーブ

撮影
マーク・アトキンス

音楽
ケイズ・アル＝アトラッキ／ブライアン・ラルストン

出演
ブランドン・オーレ／ステファニー・ベラン／リンジー・サリヴァン／ローレン・ジョセフ／ダニエル・バーネット

SHARK LEVEL

恐怖度
★

オススメ度
★★★

トンデモ度
★★★★

STORY

　時は近未来。地球温暖化の影響で、世界中の陸地が海底に沈んでしまった。自然生態系のバランスが崩れた地球上では、人類に代わって人食いザメが食物連鎖の頂点に立っていた。水没から辛くも生き残った人類は、海面に集落を築き上げると、渇きと飢えに加えて人食いザメという上位捕食者に怯える日々を過ごしていたのである。

　そしてある日、人口72人の小規模海上集落"ジャンクシティ"がサメの襲撃で壊滅する。水産資源の涸渇が近い今、飢餓に苦しむサメが凶暴化していたのだ。

　一方でベストロン海洋研究所の科学者はCO_2浄化装置を開発。人食いザメの放つ電磁パルスを用いて射出するロケットを使って水位を下げることで、陸地を取り戻さんとする。

　だが電磁パルスを操って子ザメを支配下に置く人食いザメの統率者である母ザメが人類の最終計画を妨害して……。

解説

　『猿の惑星』(1968) の原題、『PLANET OF THE APES』からタイトルを本歌取りしたアサイラム製サメ映画が、この『PLANET OF THE SHARKS 鮫の惑星』だ。しかしながら本編の舞台設定は『ウォーターワールド』(1995) に近い。

　監督、撮影、共同脚本は『ビーチ・シャーク』からマーク・アトキンス。

　主演はブランドン・オーレ。脇役ながらも『第9地区』(2009)、『エリジウム』(2013)、『チャッピー』(2015) というニール・ブロムカンプ監督作に出演している人物だ。そしてヒロインのステファニー・ベランは『ベン・ハー 終わりなき

『PLANET OF THE SHARKS 鮫の惑星』
DVD 発売中
発売元：アルバトロス株式会社

伝説』(2016) というアサイラム作品と、『ドラゴン・オブ・ナチス』(2014) というモンスター・パニック物で知られている。

　本作は水没した地球上に人食いザメが台頭するというアイデアから、ロケットに至るまで、その型破りの発想力が面白い。ポストアポカリプス系の舞台設定を含みながらも緊張感に乏しい脚本面、とはいえ主要人物は至って真正直に、人類の命運を懸けて東奔西走している。その荒唐無稽ながらも真摯で、不自然さを上回る物語の力強さが本作の特徴だ。

　しかしながら脚本面に対して映像面は一本調子でインパクトに乏しい。海上集落を壊滅せしめる人食いザメの群れ、並びにオートジャイロを撃墜するサメの襲撃シーンは、メガ・シャークシリーズと多頭系サメ映画シリーズの焼き直しめいて目新しさは薄い。そして主要人物が画面外を延々と銛で突き続けるシーンは虚無的で失笑物だ。子ザメの群れと、人食いザメを従えて発光する母ザメの姿には胸が躍った分、少しばかり肩透かしで惜しくはあった。

　総じて及第点には達しているが、あえてサメを選ばずともサルを観た方が無難だろう。

DATA
原題・別題
ICE SHARKS
製作国
アメリカ
90分／COLOR
監督
エミール・エドウィン・ス
ミス
製作総指揮
デヴィッド・リマウイー
製作
デヴィッド・マイケル・ラット
脚本
エミール・エドウィン・ス
ミス
撮影
ダリン・A・ウェブ
音楽
アイザック・スプリンティス
出演
エドワード・デルイター／
ジェナ・パーカー／カイ
ウィ・ライマン＝メルセロー
／クラリッサ・ティボー

『ディープ・ブルー』とは無関係のサメ映画

ディープブルー・ライジング

STORY

　温暖化が続く北極海の雪原で、立て続けに住民が失踪。海洋研究施設"オアシス"の科学者デビッドとトレイシーは、行方不明者の捜索に移る。ところが2人は調査中に、200万年に渡って北極海に閉じ込められていたニシオンデンザメの突然変異種と遭遇。温暖化の影響で、古代生物が蘇ってしまったのだ。

　ニシオンデンザメらしからぬ素早さと力強さを備えた突然変異種に驚くデビッドとトレイシー。そして人食いザメは群れでオアシスを襲撃すると、海洋研究施設を海底に沈めてしまった。高い気密性が功を奏して浸水は免れたとはいえ、施設内の酸素はそう長くは持たず、周りは突然変異種が旋回しているという極限状況下で、デビッドとトレイシーは……。

解説

『ディープ・ブルー』とはまったく無関係のアサイラム製サメ映画が、この『ディープブルー・ライジング』だ。しかしながら水没した海洋研究施設を舞台とする後半のシチュエーションには共通点が見られる。

　監督、脚本は『メガ・シャークVSメカ・シャーク』からエミール・エドウィン・スミス。

　主演は『メガ・シャークVSグレート・タイタン』で脚本を務めたエドワード・デルイター。その他本作には『ZOOMBIE ズーンビ』(2016)のカイウィ・ライマン＝メルセロー、『エアポート2018』(2018)のクラリッサ・ティボーと、10年代後半のアサイラム作品に出演したキャストが多い。

　本作は重低音のBGMに加えて、北極海の広い雪原とい

SHARK LEVEL
恐怖度
★
オススメ度
★★★
トンデモ度
★★★

『ディープブルー・ライジング』
DVD 発売中
発売元：アルバトロス株式会社

う舞台設定にもかかわらず、作中で発生するトラブルに順次対応していく主要人物の冷静沈着ぶりから、思いのほかあっさりとした印象を与えるサメ映画である。

犬ぞりが北極海に飲み込まれていくシーンと、人食いザメの背ビレが棚氷を切り裂くシーンに代表される、舞台設定を生かしたサメの襲撃シーンはユニークだ。映像面の出来栄えはチープで粗削りだがアイデアが練られており、見応えはある。

そして本作、中盤までは人食いザメが雪原で暴れるモンスター・パニック物として、中盤からは水没した海洋研究施設が主題のソリッド・シチュエーション・スリラー物として、二通りの趣向を凝らしている。後半の展開に関してはセットの安っぽさと主要人物の冷静沈着ぶりが災いし、さほど極限状況下の雰囲気は出せていなかったにせよ、まずまず悪くはない。人食いザメをきっちりと仕留めず、あくまで撃退に留めたラストには賛否が分かれるかもしれない。良くも悪くも淡白に仕上がっている、サメ映画の佳作だろう。

バーニングジョーズ

シン・ジョーズ

DATA

原題・別題
ATOMIC SHARK／SALT
WATER

製作国
アメリカ
85分／COLOR

監督
A・B・ストーン

製作
アンジェラ・メレディス・
ファースト／スティーヴン・
ファースト／M・ファン・ゴ
ンザレス／イザイア・ラボー
ド／リー・C・ロジャース

脚本
グリフ・ファースト／ジャッ
ク・スナイダー／スコット・
フォイ

撮影
ドン・E・ファンルロイ

音楽
ブリトリン・リー

出演
レイチェル・ブルック・ス
ミス／ジェフ・フェイヒー
／デヴィッド・ファウス
ティーノ／ボビー・カンポ

SHARK LEVEL

恐怖度
★

オススメ度
★★★

トンデモ度
★★★★

STORY

アメリカ合衆国カリフォルニア州サンディエゴ沖に、全身が赤熱した巨大生物が出現。80年代に沈んだソ連の潜水艦から放射能が漏出したことから、人食いザメの突然変異体アトミック・シャークが海に生まれてしまっていたのだ。

泳ぐ原子炉と化したアトミック・シャークに対して迂闊に手を出すと、オーバーヒートした人食いザメが核爆発を起こして南カリフォルニアは滅びるという。ライフガードのジーナとカプランは、知人のトロイとフェリス、高性能ドローンを操るフレッチャー、そしてロトガー船長と共に、アトミック・シャークの無力化に乗り出すが……。

解説

同時期に出た怪獣特撮『シン・ゴジラ』(2016) に酷似した邦題のサメ映画が、この『シン・ジョーズ』だ。タイトルに関して、日本国内の宣伝文句は「核実験の"罪 (SIN)"が生み出した悪魔──」と称している。

監督は『アナコンダvs.殺人クロコダイル』(2015) のA・B・ストーン。本作の原案、製作総指揮、共同脚本は『フライング・ジョーズ』と『ゴースト・シャーク』のグリフ・ファーストだ。製作のスティーヴン・ファーストはグリフ・ファーストの父で、製作のアンジェラ・メレディス・ファーストは、グリフ・ファーストの妻。アンジェラ・メレディス・ファーストは、『ゴースト・シャーク』に端役として出演している。

キャストには、ロバート・ロドリゲス監督作の『プラネット・テラー in グラインドハウス』(2007) と『マチェーテ』(2010) で知られるジェフ・フェイヒーがロトガー船長役で出演。ちなみにジーナ役のレイチェル・ブルック・ス

ミスと、カプラン役のボビー・カンポは、のちの『ジョーズ キング・オブ・モンスターズ』に同名の別人役として再出演している。

　なかなかにコメディ色の強いサメ映画である。「放射能に汚染された魚介類を食べた人間は、たちまち体が破裂して死に至る」というトンデモ描写も、本作の全体的にナンセンスな作風の前ではギャグとして昇華されている。ほかにはライフガードがアトミック・シャークに挑むシーン並びにクライマックスでライターの火が吹き消されるシーンに代表される、シリアスな展開の中に間の抜けたユーモアを挟み緊張感を外さんとする演出の多さが特徴だ。

　赤熱するアトミック・シャークはデザインのインパクトもさることながら、パラセーリングのロープに火を這わせて観光客を焼き殺すわ、放射線で犠牲者を吹き飛ばすわ、サメの襲撃シーンは独創的で上々。ドローンにSNSという製作時に話題性の高かったツールを取り入れながらも、モンスター・パニック物としてオーソドックスに進むストーリーも悪くない。

　ギャグの癖の強さを除くと、手堅い作りのサメ映画だ。

　余談だが、日本国内の吹替では主要人物の台詞に「上陸はありえません」「無人小型船舶爆弾」「まずは君が落ち着け」「俺は好きにした、君も好きにしろ」という、『シン・ゴジラ』から引用した台詞の意訳が目立っている。このパロディ翻訳を滑っていると見るか、面白いと受け取るか、その点は賛否両論が出るかもしれない。

"『ジョーズ』以来のA級サメ映画"

ロスト・バケーション

STORY

　メキシコ旅行中に"秘密のビーチ"を訪れた医学生ナンシー。亡くなった母が妊娠中に訪れていたというこの思い出の海で、彼女はしばしサーフィンに興じることに。

　ところが、1匹のホホジロザメが突如としてナンシーを襲撃。左足に深手を負いながらも、引き潮で海面に出た岩礁の上に辛うじて避難したナンシーだが、大量出血で心身共に衰弱していく。岩礁が満ち潮で沈みつつある中、周りを遊泳する人食いザメは常にナンシーを狙っているという極限状況下。

　しかしながらナンシーは諦めず、死に抗うことを決意する……。

解説

　日本国内では"『ジョーズ』以来のA級サメ映画"という宣伝文句で売り出されたサメ映画が、この『ロスト・バケーション』だ。

　監督は『エスター』(2009)のジャウマ・コレット＝セラ。

　ヒロインは『旅するジーンズと16歳の夏』(2005)とテレビドラマシリーズ『ゴシップガール』(2007-2012)が代表作のブレイク・ライヴリー。本作の製作は悪天候と機材トラブルで難航したとのことだが、ブレイク・ライヴリーは水に入ると納得のいく画が仕上がるまで海から出ようとしなかったという。ハリウッド・セレブのイメージに反してタフで芯の強い面を持つ彼女の姿は、逆境に抗う本作のナンシーと重なるかもしれない。

　本作はある種の文芸的趣向を凝らしたサメ映画である。主人公のナンシーは、長い闘病生活の果てにやはり死からは逃れられず命を落とした母の姿を目の当たりにしたこと

DATA

原題・別題
THE SHALLOWS
製作国
アメリカ
86分／COLOR
監督
ジャウマ・コレット＝セラ
製作総指揮
ダグ・メリフィールド／ジャウマ・コレット＝セラ
製作
リン・ハリス／マッティ・レシェム
脚本
アンソニー・ジャスウィンスキー
撮影
フラビオ・ラビアーノ
音楽
マルコ・ベルトラミ
出演
ブレイク・ライヴリー／オスカー・ジャネーダ／ブレット・カレン／セドナ・レッグ

SHARK LEVEL
恐怖度
★★★★★
オススメ度
★★★★★
トンデモ度
★★

で、医学生として無力感に苛まれている。己と母が歩んできた道は、死の前では無意味ではないかという考えに囚われてしまった前半のナンシーは視野が狭く、まさに"shallow(浅はかな、皮相な)"だろう。"秘密のビーチ"に彼女を案内した運転手が導入部で語る「下ばかり見ていると、綺麗な景色を見逃す」という台詞が象徴的だ。

　そして、秘密のビーチに現れたメスのホホジロザメがナンシーを襲う。血に飢え、ナンシーを付け狙い、数多くの古傷が見え隠れするその禍々しい巨体は、まるでナンシーと母を襲った死の象徴。しかしながら医学生として培ってきた知識と技術、加えて取るに足らない小物の数々が、ほぼ丸腰に近いナンシーを死の淵から救うこととなる。少なくとも彼女は死と競り合うだけに足る力を、無意味に映る歩みの中ですでに手にしていたのだ。そしてナンシーは、長い苦しみの中で死に抗い続けた母の強さを、自らの死と向き合う中で初めて悟ることになる。

　本作はひとりの女性の死生観が逆境の中で移り変わっていく様を描いた寓話だ。作中に登場するホホジロザメはいわばナンシーと母を責め苛んだ死の概念そのものであり、同時に彼女がその人生の中で乗り越えなければならない障害としての役目を担っている。

　一方で脚本上の比喩表現のみならず、大自然の美しさとホホジロザメの恐ろしさが一本の映像作品として視覚的に物語を彩っている。加えて本作は痛みの表現が実に生々しい。ナンシーが岩礁に体を打つシーン、素足でサンゴを踏むシーン、出血の酷い傷口を縫合するシーンがしっかりと描かれているからこそ、決して諦めず死と戦う彼女の強さが心から伝わってくる。

　確かに本作は"『ジョーズ』以来のA級サメ映画"である。

シャークネード・シークエル・トリロジー

シャークネード4（フォース）

DATA

原題・別題
SHARKNADO 4: THE 4TH AWAKENS／シャークネード ザ・フォース・アウェイクンズ／シャークネード4（フォース）サメ覚醒

製作国
アメリカ
85分／COLOR

監督
アンソニー・C・フェランテ

製作総指揮
デヴィッド・リマゥイー／ポール・ベイルズ

製作
デヴィッド・マイケル・ラット

脚本
サンダー・レヴィン

撮影
ローラ・ベス・ラヴ

音楽
クリストファー・カノ／クリス・ライデンハウア

出演
アイアン・ジーリング／タラ・リード／マシエラ・ルーシャ／コディ・リンリー／デヴィッド・ハッセルホフ／ライアン・ニューマン／トミー・デヴィッドソン／シェリル・ティーグス／キャシー・スケルボ

SHARK LEVEL

恐怖度
★

オススメ度
★★★

トンデモ度
★★★★★

STORY

　過去最大級のシャークネードをついに消し去った、あの日から5年後。科学者レナルズが誇る大企業、アストロX社が開発した天候安定システム "ポッド" の力で、地球上で発生するシャークネードの脅威はすべて未然に防がれるようになり、アメリカ合衆国は再び平穏を取り戻していた。愛する妻を失ってからは、カンザス州で第三子のギルと静かに暮らしていたフィンは、久方ぶりに長男のマットと会うべく、姪のジェムと共にラスベガスの地に赴く。

　ところがその夜、この世から消失したはずのシャークネードが5年の歳月を経てネバダ州に出現。最先端技術で竜巻を除去するというアストロX社のポッドも新たなシャークネードには通じない。フィンは四度サメとの戦いを強いられながらも、ギルと母の待つカンザス州を目指して帰路を急ぐ。

　だが、今回のシャークネードは砂、岩、炎、電気、果ては放射能と、あらゆるエネルギーを取り込みその力を増していた。また、5年前の戦いで負った傷のために死亡したとされていたフィンの妻、エイプリルが、実は密かに空飛ぶサイボーグと化し復活を遂げており……。

解説

　前作から引き続き名作映画のパロディ要素にこだわるあまり『スター・ウォーズ フォースの覚醒』(2015)をもじった原題まで掲げてしまったシャークネードシリーズの四作目こそ、この『シャークネード4（フォース）』だ。

　本作にはアメリカ合衆国の大人気ポップ・パンク・バンド、オフスプリングが『Sharknado』という挿入歌を提供している。

『シャークネード 4（フォース）』
DVD 発売中
発売元：アルバトロス株式会社

　メインキャストはおおむね続投。ただしシェパード家の長男であるマットの役のみ、一作目のチャック・ヒッティンガーからコディ・リンリーへとキャスティングが変更されている。また本作にはポリスアカデミーシリーズで知られるスティーヴ・グッテンバーグが、『ラバランチュラ 全員出動！』（2015）の主人公と同じコルトン役でゲスト出演。かつてアイアン・ジーリングが同作にフィン・シェパード役でゲスト出演した繋がりを反映してか、作中で両者は協力体制を取っている。

　まず本作の特徴として挙げられるのは、やはりその多彩さを増した新生シャークネードの数々だろう。サメと共に砂を巻き込んだ“サンドネード”がさらに変異して生じる“ボルダーネード”、油田を突き進む“オイルネード”に着火してしまった“ファイアネード”、成り行きで牛を飲み込んでしまった“カウネード”に、溶岩の“ラヴァネード”、雷の“ライトニングネード”、雹（ひょう）の“ヘイルネード”、そして放射能の力を備えた“ヌークリアネード”と、そのバリエーションは実に豊富で面白い。二作目と三作目では主として空飛ぶサメのばかげた活躍

の方に重きが置かれていたが、この四作目では竜巻の方に着目しつつ、しっかりとシャークネードシリーズらしい見所を作っている。さすがにシリーズ第四弾ともなると、ある程度のマンネリ化は避けられないにせよ、シャークネードとしての軸がぶれない範囲で常に新たな試みに挑戦し続けている点に関しては好印象だ。

　全体的な作風としては三作目に近いが、サイボーグの体を得て目から怪光線を放つようになったエイプリルや、前作のセルフオマージュめいたクライマックスなど、瞬間的な切れ味は依然健在。スター・ウォーズシリーズ風のオープニングクロールや、『悪魔のいけにえ』(1974)じみたテキサスのチェーンソー専門店に、『オズの魔法使』(1939)めいたワンショット、そして『クリスティーン』(1983)の自動車と、各パロディ要素もさらにエスカレートしている。前作同様、ばかばかしさと騒々しさを兼ね備えたコメディ・ムービーとして仕上げられている一本だ。

　総評としては三作目の正統進化系といったところか。前作が楽しめたならば、本作のクライマックスはさらなる興奮を与えてくれること請け合いだ。

　余談だが、前作のラストであいまいに濁されたエイプリルの生死は、本作を製作するにあたってTwitterとSyfiチャンネルで行われた視聴者投票により決定された。

DATA
原題・別題
OPEN WATER 3: CAGE
DIVE
製作国
オーストラリア
80分／COLOR
監督
ジェラルド・ラシオナト
製作
ジェラルド・ラシオナト／
アントワーン・ムアワド／
チャールズ・M・バーサミ
アン／ラナ・ジョイ・グリック
クマン
脚本
ジェラルド・ラシオナト
撮影
ジェラルド・ラシオナト／
アンドリュー・バンバック
音楽
ザ・ニュートン・ブラザーズ
出演
ジョエル・ホーガン／ミー
ガン・ペータ・ヒル／ジョ
シュ・ボトホフ

SHARK LEVEL
恐怖度
★★
オススメ度
★★
トンデモ度
★★

2017年

オープン・ウォーターシリーズの三作目
ケージ・ダイブ

STORY

　エクストリーム・ゲーム番組に投稿するオーディション・テープを撮影しようとしていた、ジョシュとジェフの兄弟に、ジェフの恋人メーガン。スリルとインパクトを求める3人はオーストラリアのアドベンチャー・ツアー、シャーク・ケージ・ダイビングに参加。アデレードの海に潜ると、ホホジロザメをカメラに収める。

　だがツアー中に高波が発生しクルーザーが転覆。3人は遭難者として大海原を漂流することとなる。シャーク・ケージ・ダイビングの撒き餌に引き寄せられてきた、人食いザメに怯えながらも……。

解説

　オープン・ウォーターシリーズの三作目に数えられている公式ナンバリングタイトル作品が、この『ケージ・ダイブ』だ。が、本作は『オープン・ウォーター』並びに『オープン・ウォーター2』(2006)とは脚本上の接点を持たない海洋スリラー物である。

　監督、製作、脚本、撮影はジェラルド・ラシオナト。ちなみに本作は彼の長編デビュー作品である。

　サメ映画には珍しいファウンド・フッテージ物の作品だ。加えて本作は主人公が遭難中に遺したフィルムを、ドキュメンタリー番組の中で放送しているという体の、入れ子構造の物語となっている。ゆえに話の合間にはニュース番組のコメントと関係者のインタビューが断片的に挟まって本編を補足していく。その脚本構成をあえてサメ映画に採用した点は意欲的だ。

　しかしながら本作はヒロイン、メーガンの癖が強い。極限状況下であるがゆえに初めから終わりまでパ

ニックで泣き叫んでいる点はまだしも、ポジティブシンキングに努める主人公兄弟に当たり散らしてテンションを下げるわ、かといって2人が助けを求めるべくアクションを起こすと一転してそばから離れぬよう訴えるわ、少々ストレスを感じるキャラクターに仕上げられている。特に後半で錯乱したメーガンが照明弾を誤射したがために、主人公兄弟が見つけた非常救命用ボートが爆発四散して犠牲者まで出るシーンはもはや滑稽だ。そしてメーガンとジョシュは、恋人のジェフに隠して肉体関係を持っているという始末。

　加えて本作の主要人物は、遭難中に散々内輪揉めを繰り返した末、ほぼ自滅に等しい末路をたどったにもかかわらず、ラストでは「彼らは最後まで希望を捨てなかった」とさも美談めかして締め括っていた点が腑に落ちなかった。

　カタルシスの乏しさをコンセプト上のものとして捉えてなお、佳作止まりのサメ映画だろう。

　余談だが、作中で主要人物がケージ・ダイビングを行っているシーンは3分に満たない。

DATA

原題・別題
47 METERS DOWN／
IN THE DEEP

製作国
イギリス／アメリカ
90分／COLOR

監督
ヨハネス・ロバーツ

製作
ジェームズ・ハリス／マーク・レーン

脚本
ヨハネス・ロバーツ／アーネスト・リエラ

撮影
マーク・シルク

音楽
トムアンドアンディ

出演
クレア・ホルト／マンディ・ムーア／マシュー・モディーン／サンティアゴ・セグーラ／ヤニ・ゲルマン

SHARK LEVEL

恐怖度
★★★★★

オススメ度
★★★★★

トンデモ度
★★

『海底47m』
発売中
価格：¥1,257（税込）
発売・販売元：ギャガ

ソリッド・シチュエーション・スリラー物のサメ映画

海底47m

STORY

　メキシコのリゾート地を訪れたリサとケイトの姉妹。夜遊び中に知り合った若い男の誘いで海に出た2人は、水深5mの檻からホホジロザメを眺める、非公式のケージ・ダイビング・ツアーに挑む。

　ところが老朽化していた船のワイヤーが突如として断裂、2人の入った檻は水深47mの海底に急降下する。無線は通じず、身動きも取れず、酸素ボンベの残量は少ない上に、ホホジロザメが近くを泳ぐ極限状況下に陥ってしまったリサとケイト。

　恐怖に怯える姉妹を、人食いザメが狙う……。

解説

　『ロスト・バケーション』に続くヒット作のサメ映画が、この『海底47m』だ。海洋スリラー物の作品だが、作中で人食いザメが大きな役割を果たしているがゆえに、本書ではサメ映画の枠組みで取り扱う。

　監督のヨハネス・ロバーツは、全米興行収入72ドルの大不振で知られる『ストレージ24』（2012）が代表作の人物だ。とはいえその興行成績には、全米で一館しか上映しなかったことと、作品の上映期間が一週間と短かったことが少なからず関わっている。

　主人公姉妹の姉リサ役は、ディズニー・アニメーション映画『塔の上のラプンツェル』（2010）でラプンツェルの声優を務めたマンディ・ムーア。対する妹ケイト役は『ヴァンパイア・ダイアリーズ』（2009-2017）並びに『オリジナルズ』（2013-2018）というテレビドラマシリーズのクレア・ホルト。ほかにはスタンリー・キューブリックの

『フルメタル・ジャケット』(1987) で主人公のジョーカー役を演じたマシュー・モディーンが出演している。

　本作はアニマル・パニック物のサメ映画とは違い、人食いザメのみならずおどろおどろしい海底の暗さと息苦しさを売りにしたソリッド・シチュエーション・スリラー物の作品だ。"果てしない海の広さ" が軸の海洋スリラー物『オープン・ウォーター』、"サメの恐怖" に注力した『赤い珊瑚礁 オープン・ウォーター』に対して、本作はその並々ならぬ "閉塞感" がセールスポイントだと言えよう。

　空気ボンベの残量というタイムリミットが迫り来る中で、人食いザメ、潜水病、暗闇という三つの障壁が主人公姉妹を阻む、雁字搦めのシチュエーション設定は秀逸。

　それゆえ、妹ケイトに劣等感を抱く小心者の姉リサが、彼女を救うべく極限状況下で成長せんとする展開は真剣味を伴って胸に響く。

　加えて二転三転する展開に、用意周到に張られた伏線、ただのワン・アイデアでは終わらない創意工夫の数々が娯楽作品としてまとまった、稀に見る出来栄えのサメ映画である。

　海洋スリラー物というそもそものジャンルのコンセプトから観る人を選ぶかもしれないが、その完成度では『ジョーズ』、『ディープ・ブルー』、『ロスト・バケーション』に次ぐ一本だ。

DATA

原題・別題
TRAILER PARK SHARK
／SHARK SHOCK

製作国
アメリカ

84分／COLOR

監督
グリフ・ファースト

製作総指揮
グリフ・ファースト／リチャード・ブラウン／スティーヴン・ファースト

脚本
グリフ・ファースト／ネイサン・ファースト／マーシー・ホランド／マット・マスカンプ／ザンダー・ウルフ

撮影
マーク・ラトリッジ

音楽
アンドリュー・モーガン・スミス

出演
タラ・リード／トーマス・イアン・ニコラス／ルール・ジョヴォヴィッチ／デニス・ハスキンス

SHARK LEVEL

恐怖度
★

オススメ度
★★★

トンデモ度
★★★★

『シャーク・ショック』
DVD 発売中
販売元：竹書房

2017年

エレクトリカル・シャーク・パレード

シャーク・ショック

STORY

　トレーラーパーク、ソギー・メドウズの貧困層から、高額の賃貸料を搾り取っていた不動産業者デコナー。彼は住民を追い出すべく、ギャングを雇って近くに流れている川の堤防を壊すと、大洪水でトレーラーパークを一掃するという強硬手段に出てしまった。

　デコナーの目論見で大洪水に押し流されたソギー・メドウズ。トレーラーパークで暮らしていたロブという青年が、破壊工作を行ったギャングを辛うじてビデオカメラに収めていたが、出し抜けに飛び出してきた人食いザメが証拠品を飲み込んでしまった。

　水没したソギー・メドウズを遊泳する人食いザメを倒して、ビデオカメラを取り戻さんとするロブ。ところが証拠隠滅を図るデコナーとギャング、そして放電能力を持つデンキザメがトレーラーパークの生存者を襲う……。

解説

　放電能力を得たトンデモ系サメ映画が、この『シャーク・ショック』だ。

　監督、共同脚本はグリフ・ファースト。ほかには父スティーヴン・ファーストと兄ネイサン・ファーストの名がクレジットに並んでいる。

　そして本作には『シャークネード』のタラ・リードが、チェーンソーを携えてカメオ出演。

　本作は傍若無人に振る舞う富裕層に、貧困層が力を合わせて反撃する様を描いた“プロレタリア・シャーキング・パニック！”でもある。ゆえにメインプロットは不動産業者デコナーとトレーラーパークで暮らす青年ロブの対立軸で進み、サメの出番は多いにせよ、人食いザ

メは脇役もしくはある種の舞台装置に近い役割を担っている。そして本作のサメは自らの周りに高電圧帯を作り上げるデンキザメというギミックを持ちながらもさして活かせておらず、サメの襲撃シーンは月並みのサメ映画とそう変わらない物理的手段の一辺倒という有様。人食いザメが放電能力を持たずとも成立する脚本構成も合わさって、いよいよデンキザメのギミックばかりが木に竹を接いだかのように浮いている。こと本作に限ってはグリフ・ファースト監督作の手堅さが裏目に出てしまっているだろう。

　しかしながら主題の一貫性とテンポの面は悪くない上に、風車を用いて人食いザメを仕留めるクライマックスのインパクトは評価すべきだろう。減点法で観るならば赤点だが、加点法で観ると及第点には達する出来栄えのサメ映画には違いない。

『シャーク・ショック』の名を掲げる割にはずいぶんと低刺激だが、良くも悪くもその癖の少なさが売りの低予算モンスター・パニック物ということである。

DATA
原題・別題
LAND SHARK
製作国
アメリカ
80分／COLOR
監督
マーク・ポロニア
製作
マイケル・ラソ
脚本
マーク・ポロニア
撮影
アラン・ワイオミング
音楽
グレッグ・スタニーナ
出演
サラ・フレンチ／ピーター・バルド／キャスリン・スー・ヤング

SHARK LEVEL

恐怖度
★

オススメ度
★★

トンデモ度
★★★★

『ランドシャーク 丘ジョーズの逆襲』
DVD 発売中
販売元：株式会社コンマビジョン

マーク・ポロニアの逆襲

ランドシャーク 丘ジョーズの逆襲

STORY

　密かに水陸両用の生体兵器"ランドシャーク"を作っていたマルコ海洋研究所から、3匹の人食いザメが水槽から脱走するアクシデントが発生した。無自覚ながらもランドシャークの研究開発に加わってしまっていた所員ルシンダは、上司のフォスター博士とランドシャークの処分に乗り出す。

　一方で、カリフォルニア州沿岸部に上陸した3匹のランドシャークは暴走を開始。慌てて後を追う2人だが、突如としてフォスター博士の肉体に異変が……。

解説

　『フランケンジョーズ』に続くポロニア・ブロス・エンターテイメント製サメ映画が『ランドシャーク 丘ジョーズの逆襲』だ。本作には陸を歩く人食いザメ、ランドシャークが登場するが、同じアイデアを前作の『フランケンジョーズ』ですでに使っている。

　監督、脚本はマーク・ポロニア。ちなみに彼はエビの漁師役としてカメオ出演している。

　そして本作にはポロニア・ブロス・エンターテイメントの『ジュラシック・ビースト』(2015) と『ビッグフットvsゾンビ』(2016) に共通するキャストが出演している。

　その完成度の低さを面白さに昇華していた『フランケンジョーズ』に比べると、本作はただ単に完成度が低いサメ映画である。ランドシャークの粘土細工じみた人形は前作に増して拙い出来栄えで、動きがぞんざいになっている。かつデザイン性と変身ギミックに凝っていたフランケンジョーズに対して、ランドシャークは面白さに乏しく手抜

きと悪ふざけが目立つ上に、サメの襲撃シーンすら無意味にランドシャークの視点からのショットを挟みがちで間延びしている。そして主要人物が3人という少なさゆえに、ランドシャークが話の合間に端役ばかりを襲っているので、なかなか展開が進まず作品のテンポが悪い。

　加えて本作では、中盤から主要人物が追跡装置を使ってランドシャークの行方を追い始めるが、その追跡装置が断続的に放つ信号音が、明らかにボリューム調整を誤っており、本編の鑑賞中に「ピッ……ピッ……」あるいは「プピピピピピッ」と煩わしく鳴り響くため極めて不愉快だ。

　クライマックスには少しばかり意外性を備えた展開が待ち受けているが、そもそもの映像作品としての完成度が低く視聴者に寄り添ってもいないために、総じて悪印象の方が上回る。すべてが『フランケンジョーズ』の下位互換に近く、目新しさも感じないサメ映画だ。

　ポロニア・ブロス・エンターテイメント作品の信奉者にのみ本作を薦めておきたい。

DATA

原題・別題
5-HEADED SHARK ATTACK

製作国
アメリカ
90分／COLOR

監督
ニコ・デ・レオン

製作総指揮
デヴィッド・リマウイー

製作
デヴィッド・マイケル・ラット

脚本
スティーヴン・マイヤー／
ダニエル・ローラー／
ショーン・P・ヘイル

撮影
ラファエル・レイヴァ

音楽
クリス・ライデンハウア／
クリストファー・カノ

出演
クリス・ブルーノ／ニッ
キー・ハワード／リンジー・
ソーヤー／ジェフリー・ホ
ルスマン／クリス・コスタ
ンゾ

SHARK LEVEL

恐怖度
★

オススメ度
★★★

トンデモ度
★★★★

『ファイブヘッド・ジョー
ズ』
DVD 発売中
発売元：アルバトロス株
式会社

四の五の言うサメ映画

ファイブヘッド・ジョーズ

STORY

　プエルトリコ自治連邦区パロミノス島近海に、四つの頭
を持つ人食いザメが出現した。観光客を襲う巨大生物の噂
は島中に広まることとなる。

　その噂を耳にした地元水族館のオーナーは、海洋生物学
者ヨーと数名の実習生に人食いザメの生け捕りを指示す
る。経営難の打開策として突然変異体を水族館に迎えんと
するオーナーと、学術的好奇心から彼の誘いに乗ってし
まったヨー。ところが返り討ちに遭った一同は、実習生か
ら犠牲者を出してしまう。

　考えを改めたヨーは腕利きの海洋探検家レッドに人食い
ザメの駆除を要請。そしてパロミノス島の観光業に悪影響
を与える人食いザメを抑え撃たんと、海上警察が動く。

　だが四つの頭を持つ人食いザメは、人知れず変形して五
番目の頭を獲得。五つの頭を持つ"ファイブヘッド・
ジョーズ"に生まれ変わっていた……。

解説

　多頭系サメ映画シリーズの第三弾が、この『ファイブ
ヘッド・ジョーズ』だ。本作のサメは元々四つの頭が特徴
の突然変異体だが、本編の中盤に突如として尾ビレが五番
目の頭に変形する。

　監督はクリストファー・レイから代わってニコ・デ・レ
オン。彼は『バトル・オブ・バミューダトライアングル』
(2014)、『オペレーション・ダンケルク』(2017)、ほか複数本
のアサイラム作品を手掛けてきたニック・ライオンの別名
義である。

　五つの頭という人食いザメのギミックを持て余している
サメ映画である。冒頭では四つの頭を用いて横一

列に並んだ複数人を襲撃するシーンが見られるが、その後は四つの頭を生かしたシーンに乏しい、一つの頭で無問題の展開が続く。本編の中盤に尾ビレから生じる五番目の頭は、登場時の変形シークエンスは印象的だが、その後の活躍に恵まれていない。作中では四つの頭が食べ損ねた犠牲者の肉片を、五番目の頭がおこぼれとして貰い受けている様が画面上に映る程度。あえて力技で生やした五番目の頭が機能不全に陥っているのだ。

　その反面、多頭系サメ映画シリーズの中ではなかなかの完成度を誇る一本だ。サメの出番が多い上に、テンポも良い。サメの襲撃シーンはヘリコプターを撃墜するくだりを含めてオーソドックスながらに上出来と、トンデモ系サメ映画としての要点を押さえながらも癖の少ない作品である。ただし、あまりにあっさりとしており余韻の残らないクライマックスに関しては肩透かしに思うかもしれない。

　前作『トリプルヘッド・ジョーズ』に比べると、文字通り頭一つ抜けた出来栄えにはなるだろう。

DATA

原題・別題
EMPIRE OF THE SHARKS

製作国
アメリカ
89分／COLOR

監督
マーク・アトキンス

製作総指揮
デヴィッド・リマウィー

製作
デヴィッド・マイケル・ラット

脚本
マーク・アトキンス

撮影
マーク・アトキンス／ライアン・ブルームバーグ

音楽
ヘザー・シュミット

出演
アシュレイ・デ・ラング／ジャック・アームストロング／ジョン・サヴェージ／ジョナサン・ピーナー／タンディ・セベ

SHARK LEVEL

恐怖度
★

オススメ度
★★

トンデモ度
★★★★

『鮫の惑星 海戦記（パシフィック・ウォー）』
DVD 発売中
発売元：アルバトロス株式会社

2017年

続・鮫の惑星

鮫の惑星 海戦記（パシフィック・ウォー）

STORY

地球上の陸地が水没した近未来。生き残った人類は点在する海上集落で資源を分け合っていた。だが、荒廃した新世界にイアン・フィエンという独裁者が台頭。制御装置を移植した人食いザメの群れをハンドグローブ型コントローラーで操るイアンは、海上基地ウミガメ要塞を拠点に、搾取と虐殺を繰り返していた。

イアンの圧政に耐え続けていたコロトア地区に住むティモールは、恋仲のウィローが奴隷として連れ去られていった日を境に反旗を翻す。潜水艇を使って大海原に出たティモールは、海のアウトローが集う町ナウルでウィロー救出の協力者を募る。

同じ頃、ウミガメ要塞で労働に駆り出されていたウィローが、かつて人食いザメから人類を守った伝説のサメ使いの血を引いているということが判明。制御装置を用いずともサメを操る超能力を持つウィローに、イアンは強い興味を抱く。

偽のサメ使いイアン・フィエンに対し、真のサメ使いウィローと、一芸に秀でた数名のアウトローを率いるティモールは勝負を挑むが……。

解説

『猿の惑星 聖戦記（グレート・ウォー）』(2017) と『パシフィック・ウォー』(2016) に酷似した邦題のアサイラム製サメ映画が、この『鮫の惑星 海戦記（パシフィック・ウォー）』だ。だが本作にニコラス・ケイジは出演していない。

監督、脚本、撮影、編集は『ビーチ・シャーク』、『PLANET OF THE SHARKS 鮫の惑星』のマーク・アトキンス。偽りのサメ使いイアン・フィエン役は『ディア・ハンター』(1978) のスティーヴンとして知られるジョン・サ

ヴェージだ。

　同じ監督の前作『PLANET OF THE SHARKS 鮫の惑星』に比べると、ファンタジー色が強い点が特徴だ。伝説のサメ使いの血を引くヒロインが、父から貰った太陽の石を通じて、人食いザメを操る力に目覚めようとするプロットは、SF色の強い前作とは方向性が違って面白い。もっとも、冒頭から意味深に言及してきた、人食いザメを操るキーアイテム"太陽の石"が、実は大して有用性を持たず、後半からヒロインは太陽の石に頼らずとも、サメ使いとして備わった超能力で人食いザメを操るという展開は少々釈然としない。

　さらには前作と同様にサメの襲撃シーンが物足りない。本作の人食いザメは画面端から飛び出しては反対側に横切っていく、あるいは犠牲者をごくあっさり海中に連れ去るばかりで見栄えがしない。後半に現れる爆薬を搭載したミツクリザメ"カミカゼ・ザメ"は目新しかったが、活躍としては文字通りただ自爆するのみ。見所の数では前作に劣っている。

　とはいえ王道の海洋アドベンチャー物には違いない。物足りなさを覚える反面、許容範囲の出来栄えには収まっているサメ映画だ。

DATA

原題・別題
SHARKNADO 5: GLOBAL SWARMING／シャークネード5

製作国
アメリカ

89分／COLOR

監督
アンソニー・C・フェランテ

製作総指揮
デヴィッド・リマウイー／ポール・ベイルズ

製作
デヴィッド・マイケル・ラット

脚本
スコッティ・マレン

撮影
ライアン・ブルームバーグ

音楽
クリストファー・カノ／クリス・ライデンハウア

出演
アイアン・ジーリング／タラ・リード／キャシー・スケルボ／ビリー・バラット／マシエラ・ルーシャ／コディ・リンリー／ドルフ・ラングレン

SHARK LEVEL

恐怖度
★

オススメ度
★★★

トンデモ度
★★★★★

『シャークネード5 ワールド・タイフーン』
DVD 発売中
発売元：アルバトロス株式会社

シン・シャークネード

シャークネード5 ワールド・タイフーン

STORY

　あのヌークリアネードを打ち倒したフィン、エイプリル、ギルの3名は、NATOが開催するシャークネード戦略会議に出席するべく、ロンドンのMI6を訪れていた。

　一方、オーストラリアで秘密結社シャークネード・シスターズを結成していたノヴァは、太古の昔から人類がシャークネードと戦い続けていたという歴史的真実を知る。

　ただちにフィンを呼び寄せた彼女は、ストーンヘンジの遺跡で"デュークワカのハーネス"なる伝説の秘宝を発見。だが、その石を手に取ってしまったことで古代の封印が解け、イギリスにシャークネードが蘇る。ロンドンを蹂躙して回った大竜巻は、市街地でギルを飲み込むと、世界中を転々と移動。愛する我が子を取り戻すべく、シャークネードを追ったフィンとエイプリルは、オランダ、オーストラリア、ブラジルと各国を飛び回る。

　だが果てしない旅路の中で、このシャークネードを鎮めるためには、デュークワカのハーネスを始まりの地、海の底に沈んだストーンヘンジの遺跡まで返さなければならないという事実が判明。また、無数のサメが核廃棄物汚染の影響でひとつの巨大有機体へと突然変異した共生生物シャークジラが日本に上陸。そして地球規模に巨大化したシャークネードが瞬く間に文明社会を崩壊させ、事態は人類滅亡の危機に発展する。

　ローマ法王から授かったチェーンソーを携え、フィンは五度目の決戦に挑むが……。

解説

　シャークネードシリーズ史上最大のスケールで

送る五作目が、この『シャークネード5 ワールド・タイフーン』だ。五作目と六作目は特に作品間の結びつきが強く、事実上の前後編となっているため、なるべくならば二本併せて鑑賞するといいだろう。

　五作目及び六作目の脚本はスコッティ・マレン。四作目までシャークネードシリーズの脚本を務めてきたサンダー・レヴィンは、本作からキャラクター原案という形でクレジットに名を残している。ほか、本作には元ポルノ・スターのサマンサ・フォックス、ロックバンドのポイズンでボーカルを務めるブレット・マイケルズ、フィギュアスケーターのサーシャ・コーエン、フリースキーヤーのガス・ケンワージー、スケートボーダーのトニー・ホーク、プロレスラーのジョン・ヘニガンなどがカメオ出演。未来から来たギル・シェパード役で、ドルフ・ラングレンまでもが登場している。

　さて本作、前半までは四作目とそう代わり映えしない雰囲気で進行するものの、後半からは一転してシャークネードシリーズらしからぬ物々しさを展開するサメ映画だ。特に過去作ではジョークとしてあっさり流してきた人の死

を、本作ではウェットに、後々まで尾を引く形に描いている。かつシェパード家とノヴァとの間に生じた軋轢を掘り下げようと試みているため、過去作に比べてどこかハードで、暗い影の差す作りになっている。そのため人によっては、いささか不意打ちじみた路線変更に拒否反応を示すかもしれない。

　そのシリアスムードな方向性に対して、脚本構成は過去作より場当たり的だ。主人公が世界中でシャークネードと対決するというアイデアは面白い反面、しばしばフィンとエイプリルが各国で無駄足を踏んでは振り出しに戻り、その合間に各界著名人のカメオ出演が繰り返し挟まるといった話運びのため、さすがに中盤を過ぎた頃には作品として勢いが息切れしている。とはいえ、ローマ法王のチェーンソーがビームを放って空飛ぶサメを一掃するくだりや、シャークネード迎撃に備えてトランスフォームするオペラハウス、『シン・ゴジラ』(2016) のゴジラ第二形態めいて東京を這い進む"シャークジラ"など、おなじみのシャークネードシリーズらしい見所は押さえられてはいる。

　過去作と同様の明るさやテンポの良さを求めて鑑賞した場合、少々見込み違いに感じることとなるだろう。しかしながら、過去作を上回る壮大さと驚きのラストはやはり魅力的だ。

　余談だが物語終盤、日本でシャークネードと戦うシークエンスにおいて、本作の製作時爆発的に流行していたスマートフォン向け位置情報ゲームアプリ"Pokémon GO"のアイテムに酷似したボール型爆弾が登場する。

2017年

住まいと暮らしのサメ映画

ハウス・シャーク

STORY

　シングルファザーの元警官フランクと息子テオ。2人が暮らしている家のトイレに、突如として人食いザメが出現。留守番に雇っていたシッターを食い殺してしまった。

　人食いザメの正体は、神出鬼没の海生哺乳類ハウス・シャークであることが判明。マイホームを奪い取られたフランクは、ザカリーというハウス・シャーク専門家に協力を要請する。一方で、ハウス・シャークが潜伏する物件を売り払おうと画策した不動産業者の独断で犠牲者が続出。加えて第16代アメリカ合衆国大統領に扮した不死身の"ハウス・シャーク・ハンター"エイブラハムの介入で、フランクの抱えたトラブルは混迷を極めていく。

　ハウス・シャークに関わるキーパーソンのザカリーと、アルコール中毒者エイブラハムと共に、フランクは3人でハウス・シャークに挑むが……。

解説

　家に潜む人食いザメを描いたトンデモ系サメ映画が、この『ハウス・シャーク』だ。

　監督、脚本はロン・ボンク。特に製作総指揮として知られている人物で、日本国内で流通しているプロデュース作品は『悪魔のえじき2』(2001)と『悪霊のしたたり』(2003)だ。

　ちなみに製作のジョナサン・ストレイトンは、『モンスター・モーテル』(2016)という下品さと低俗さを売りにしたスプラッター映画の監督だ。

　本作は稚拙さと下品さを前面に押し出した、スラップスティック・コメディ系の低予算モンスター・パニック物である。トイレから飛び出すハウス・シャーク、光線銃を使って主人公と戦うハウス・シャーク、男を犯して子を作

DATA

原題・別題
HOUSE SHARK
製作国
アメリカ
112分／COLOR
監督
ロン・ボンク
製作
ハワード・グロメロ／ジョナサン・ストレイトン／ティム・リッター
脚本
ロン・ボンク
音楽
エメット・ヴァン・スライク
出演
トレイ・ハリソン／マイケル・マーチャント／ウェス・リード／ウェイン・W・ジョンソン／ネイサン・ボンク／ジェニー・ルッソ

SHARK LEVEL

恐怖度
★
オススメ度
★★
トンデモ度
★★★★★

『ハウス・シャーク』
DVD 発売中
発売元：キュリオスコープ
販売元：アメイジングD.C.

るハウス・シャークなど、サメの襲撃シーンは胸焼けする濃さに仕上がっている。

　その他、元々サメはバッファローと同じ陸上生物だとする学説に、スター・ウォーズシリーズの暗黒卿に似た超能力を用いる住宅診断士ダース・スクワントと、作中にはナンセンスギャグが目白押し。

　色調補正で画面内に青みを加えたシーンを水中撮影の代わりに用いる力技、チープとしか言い表せないハウス・シャークの出来栄えに代表される映像面の粗雑さはもはや笑わざるを得まい。ただし、不快感の方が先行するその悪ふざけじみた作りと、残酷表現の数々はおそらく観る人を選ぶだろう。

　むしろ本作の問題点は112分のランニングタイムだ。単刀直入に言って本作は不必要に尺が長い。主要人物の3人が集結するまでに尺の半分を費やし、残りの半分は同じセットの中で延々人食いザメと小競り合いを続けているという有様。さすがにその素人じみた冗長さは否めない。

　家選びと同じく先に下調べを行った上で鑑賞を検討するべきサメ映画だ。

六道輪廻のサメ映画

シックスヘッド・ジョーズ

STORY

　メキシコのバハ・カリフォルニア半島沖のコラゾン島では、カップルのキャンプセラピーが行われていた。我の強いツアー客に手を焼いていたインストラクターのウィルは、ツアー中に肉片と化したスタッフの死体を発見する。

　そして六つの頭を持つ人食いザメが海から現れると、キャンプセラピーの参加者を襲撃。実はコラゾン島の研究所で80年代に作り出されたという不死身の生物兵器が、今に至るまで潜伏していたのだ。

　やはり水陸両用の適応力と自己再生能力を持つシックスヘッド・ジョーズを前に、キャンプセラピーの参加者は続々と命を落としていく。瀬戸際に追い詰められたウィルは、シックスヘッド・ジョーズと戦うが……。

解説

　多頭系サメ映画シリーズの第四弾がこの『シックスヘッド・ジョーズ』だ。前作のサメに比べると、本作のサメは六つの頭を有効活用している。

　監督はクリストファー・レイ、ニコ・デ・レオンもといニック・ライオンに代わってマーク・アトキンス。

　キャストには『鮫の惑星 海戦記(パシフィック・ウォー)』からブランドン・オーレとタンディ・セベが出演している。

　本作の"シックスヘッド・ジョーズ"は、六つに増やした頭を足の代わりに用いて陸上歩行を行う。そして遠距離のターゲットには、頭をひとつ切り離して投擲するという、掟破りのアウトレンジ戦法で対処する。ちなみに、切り離した頭は自己再生能力で元通りに蘇るので、本体のシックスヘッド・ジョーズは平然としている。このサメの襲撃シーンが示している通り、過去作に比べると本作は特

DATA

原題・別題
6-HEADED SHARK AT TACK

製作国
アメリカ
89分／COLOR

監督
マーク・アトキンス

製作総指揮
デヴィッド・リマウイー

製作
デヴィッド・マイケル・ラット

脚本
マーク・アトキンス／キオチ・ベセトスキー

撮影
マーク・アトキンス

音楽
クリス・ライデンハウア／クリストファー・カノ

出演
ブランドン・オーレ／タンディ・セベ／コード・ニューマン／ナイマ・セベ／タビワ・ムスヴォスヴィ／クリス・フィッシャー／ジョナサン・ピーナー

SHARK LEVEL

恐怖度
★
オススメ度
★★★
トンデモ度
★★★★★

『シックスヘッド・ジョーズ』
DVD 発売中
発売元：アルバトロス株式会社

に発想力の面で優れている。少々悪ふざけが過ぎている点は否めないにせよ、六つの頭というギミックをしっかりと活かしたアイデアを盛り込んでいる点は素晴らしい。

　対する主要人物は皆一様に身勝手で情緒不安定だ。そして内輪揉めのくだりが多いゆえに、感情移入は難しいだろう。とはいえ、逆に言うならば本作は主要人物の誰が退場しようともストレスを感じない作品であるということだ。およそ共感し難い主要人物が、六つの頭を持つ人食いザメに次々と飲み込まれていく様からは、確かにある種の滑稽さが感じられる。

　その他、主人公ウィルのオーバーリアクションと自己主張の強いBGMに対する、チープとしか言えないシックスヘッド・ジョーズの作りと荒唐無稽さのギャップがしばしば笑いを誘ってくる。

アナザー・メガロドン

MEGALODON
ザ・メガロドン

DATA

原題・別題
MEGALODON
製作国
アメリカ
86分／COLOR
監督
ジェームズ・トーマス
製作総指揮
デヴィッド・リマウイー
製作
デヴィッド・マイケル・ラット
脚本
キオチ・ベセトスキー
撮影
ダンテ・ヨール
音楽
クリス・ライデンハウア
出演
マイケル・マドセン／ドミニク・ペース／キャロライン・ハリス／エゴ・ミティカス／エイミー・ストルト／スコット・C・ロウ

STORY

　ハワイ諸島沖では、南太平洋通信ケーブルを狙うロシアの潜水艦が掘削作業を行っていた。しかしながら功を焦ったイワノフ艦長の采配から潜水艦にトラブルが発生。海底に眠っていた"メガロドン"が目覚めてしまった。

　覚醒したメガロドンの暴走で、瞬く間に潜水艦は轟沈。冷酷非道のイワノフ艦長は、2人の部下を残して乗組員を見殺しにすることに。

　同じ頃、アメリカの駆逐艦ショーが機能停止したロシアの潜水艦をソナーで探知。最新鋭の小型潜水艦ベルを操縦するリンチ中佐は、イワノフ艦長を含む生存者3人を救出するが、そこに突如としてメガロドンが現れて……。

解説

　ジェイソン・ステイサム主演の『MEG ザ・モンスター』(原題：『THE MEG』)に便乗したアサイラム製サメ映画が、この『MEGALODON ザ・メガロドン』(原題：『MEGALODON』)だ。そして『メガロドン』(原題：『MEGALODON』)とはまったく無関係の作品である。

　監督はジェームズ・トーマス。アサイラム製アクション映画の『トゥームインベイダー』(2018)並びに『ウォーズ・オブ・ギャラクシー』(2019)を手掛けた人物だ。

　そして本作にはマイケル・マドセンが、アメリカ合衆国海軍キング大将役として出演。彼は『レザボア・ドッグス』(1991)のMr.ブロンド役、スピーシーズシリーズのプレス役、キル・ビルシリーズの"サイドワインダー"バド役として特に知られている。

　本作はステレオタイプのハリウッド系アクション物に近い

SHARK LEVEL

恐怖度
★
オススメ度
★★
トンデモ度
★★★

『MEGALODON ザ・メガロドン』
DVD 発売中
発売元：アルバトロス株式会社

サメ映画である。デジャブを覚える愛国的演説、結果論で我を通すとはいえ独断専行が目に余る主人公、決め台詞の割にはどうも収まりが悪い言い回し、そして悪役として立ち塞がるロシアと、使い古された構成要素の数々で成り立っている本編はキッチュだ。とはいえ低予算早撮りの製作スタジオとして知られているアサイラム社がリリースした、初代『ジョーズ』のこれ見よがしの引用が罷り通っているトンデモ系サメ映画に対してその指摘は、かえって的外れとなるかもしれない。

　一方で "MEGALODON" の名を冠しておきながらも、メガロドンを捨て置いてロシア工作員とアメリカ合衆国海軍の攻防に重きを置いている点はいかんせん評価し難い。

　丸みに乏しいデザインを持つ本作のメガロドンはさして活躍せず、サメの出番は話の合間に少し顔出しするばかりに留まっている。対するイワノフ艦長と2人の部下は一山いくらの悪役として、チープで特筆すべき点の見当たらない戦いを延々と繰り広げているため、およそ人食いザメの代わりが務まっていないのだ。

　レンタルショップで『MEG ザ・モンスター』が貸し出されていた日にのみ、本作の鑑賞を検討してみるべきだろう。

ジェイソン・ステイサムVSサメ映画

MEG ザ・モンスター

DATA

原題・別題
THE MEG

製作国
アメリカ
113分／COLOR

監督
ジョン・タートルトーブ

原案
スティーヴ・オルテン

製作
ベル・エイブリー／ロレンツォ・ディ・ボナヴェンチュラ／コリン・ウィルソン

脚本
ディーン・ジョーガリス／ジョン・ホーバー／エリック・ホーバー

撮影
トム・スターン

音楽
ハリー・グレッグソン＝ウィリアムズ

出演
ジェイソン・ステイサム／リー・ビンビン／レイン・ウィルソン／ルビー・ローズ／マシ・オカ

SHARK LEVEL

恐怖度
★★

オススメ度
★★★

トンデモ度
★★★

STORY

　レスキュー・チームのリーダーを務めるジョナス・テイラーは、原子力潜水艦の乗組員を救助に向かった際、海中で巨大生物を目撃。だがジョナスの言を信じる者はおらず、任務中にやむを得ず同僚を見殺しにした責任追及から、海難救助の職を辞することとなった。

　それから5年後。中国上海から200キロメートルの沖合に位置するマナ・ワン海洋研究所は、前人未到の深海探索を行わんとしていた。目指すはマリアナ海溝の超深海。最新鋭の探査艇オリジン号は海底に広がる層を潜り抜けると、前人未到の海溝を訪れる。だが超深海では、5年前にジョナスが見たというカルカロクレス・メガロドン、"MEG"が待ち構えていた。マリアナ海溝の層が、今まで巨大生物を封じ込めていたのだ。

　オリジン号を襲撃するMEG。元妻のローリーと探査艇のクルー、そしてオリジン号に向かったスタッフのスーインを救うべく、ジョナスは今再び潜水艇を駆る。一方でMEGは、200万年の歳月を経て文明社会に蘇る……。

解説

"ニューヨーク・タイムズ"のベストセラー・リストにその名が上った、スティーヴ・オルテンの『MEG: A NOVEL OF DEEP TERROR』が基となるサメ映画が、この『MEG ザ・モンスター』だ。日本国内では三度に渡って『メグ』『メガロドン』『MEG ザ・モンスター』という邦題で原作小説が出版されている。

　監督は『クール・ランニング』(1993)、『ナショナル・トレジャー』(2004)を手掛けたヒットメーカーのジョン・タートルトーブ。

主演はアクション・スターのジェイソン・ステイサム。トランスポーターシリーズにアドレナリンシリーズ、そしてエクスペンダブルズシリーズで知られる彼がメガロドンに挑む。ほかには『トリプルX：再起動』(2017)、『ジョン・ウィック：チャプター2』(2017) のルビー・ローズと、日本人キャストとしてマシ・オカこと岡政偉が出演している。

　メガロドン物という枠組みの中では、特に映像面で図抜けたサメ映画だろう。サメ映画には数少ないビッグ・バジェット作品という強みを生かしたセットの作り込み、ただただ視覚的な説得力に圧倒されざるを得ないMEGの巨体とその躍動感は、唯一無二の出来栄えである。

　ただし、後半でMEGが観光客で混み合ったビーチを襲撃するシーンでは、メガロドンという巨大生物のスケールの割には被害規模が控えめに感じた。並びにレーティングの関係上、残酷表現が総じてマイルドで、モンスター・パニック物らしからぬパンチの弱さは否めない。とはいえ、クライマックスでMEGに一騎打ちを挑む主人公は実にジェイソン・ステイサムらしい。

　キャラクター設定と脚本構成は原作小説と異なる。小説版では筋金入りの悪女として大立ち回りを演じる主人公の妻が、本作では自立した女性として振る舞う元妻に変わっている点、日系アメリカ人のヒロインが中国人となっている点、そしてラストでメガロドンを倒す術が違っている点は特に評価が分かれるだろう。

　そつなくまとまった作りであるがゆえに、かえって物足りなさを感じるかもしれないサメ映画である。その一方で万人受けする癖の少なさと、ジェイソン・ステイサムの力強さが本作のセールスポイントだ。

　余談だが、本作の企画中22回に渡って中国を訪れた製作のベル・エイブリーは、その度に税関で呼び止められ、手荷物の中に忍び込ませていたメガロドンの歯に関して質問を受けたとのことである。

エルム街のジョーズ

ジョーズ キング・オブ・モンスターズ

STORY

　人食いザメの悪夢に悩んでいたエヴァは、悪夢を克服する新薬の治験に参加する。付き添いの恋人エンゾと共に、ノバク博士なる科学者の診療所を訪れたエヴァは、集まった被験者が皆一様に同じ人食いザメの悪夢に苦しんでいることを知る。実はエヴァと被験者は、夢と現実世界の狭間に潜む伝説の人食いザメ、カウフフの悪夢を見ていたのだ。そして診療所に現れたカウフフは、いよいよ夢から現実世界に干渉して被験者を襲う。

　実はカウフフと世界征服を企んでいたノバク博士は、被験者を使って夢と現実世界を繋ぐ門を探していたのである。ナイトメア・シャークの野望を阻止すべく、エヴァとエンゾは夢と現実世界で戦うが……。

解説

　悪夢の中に潜む人食いザメを描いたオカルト系サメ映画が、『ジョーズ キング・オブ・モンスターズ』だ。もちろんレジェンダリー・ピクチャーズが製作した『ゴジラ キング・オブ・モンスターズ』(2019) とはまったく無関係の作品である。

　監督はネイサン・ファーストとグリフ・ファーストの兄弟。ネイサン・ファーストは音楽、グリフ・ファーストは製作・脚本も担っている。

　本作には『アナベル 死霊館の人形』(2014) と『ラ・ヨローナ〜泣く女〜』(2019) でペレズ神父役を務めたトニー・アメンドーラが、ノバク博士役として登場。ほかには『シン・ジョーズ』からレイチェル・ブルック・スミスとボビー・カンポが出演している。

　オカルト・ホラー色の強いサメ映画である。薄暗いフィル

DATA

原題・別題
NIGHTMARE SHARK／CURSE OF THE DREAM WITCH／ナイトメア・シャーク

製作国
アメリカ
84分／COLOR

監督
ネイサン・ファースト／グリフ・ファースト

製作
グリフ・ファースト／イザイア・ラボード

脚本
グリフ・ファースト

撮影
トーマス・L・キャラウェイ

音楽
ネイサン・ファースト

出演
トニー・アメンドーラ／ボビー・カンポ／レイチェル・ブルック・スミス／ルール・ジョヴォヴィッチ／キャロライン・コール

SHARK LEVEL

恐怖度
★★★
オススメ度
★★
トンデモ度
★★★★★

『ジョーズ キング・オブ・モンスターズ』
DVD 発売中
発売・販売元：アメイジングD.C.

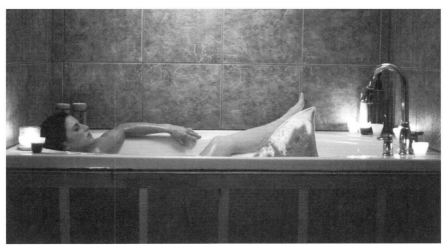

ムの色合いに、夢と現実世界の区切りをしばしば曖昧に濁した場面転換、そしてスローテンポの話運びが、まさしく悪夢めいた浮遊感を醸し出している。加えて悪夢を見ているヒロインがベッドから宙に浮かんでいくシーンと、浴槽からカウフフが現れるシーンは、本作と同様に悪夢の中に潜む殺人鬼フレディ・クルーガーが主役の『エルム街の悪夢』(1984)を明らかにオマージュしている。サメ映画には目新しい、少しばかりの笑いを含んだおどろおどろしさを本作は備えている。

　ナイトメア・シャークが黒い不定形の姿を取って空を飛ぶシーンから、犠牲者を暖炉に連れ去るシーンに、悪夢の中で作った砂漠から飛び出すシーンと、サメの襲撃シーンは独創的だ。ただし本作、サメの出番が少なめである点と、話の合間に挟まるノバク博士の語りが長めである点、そして残酷表現の少なさがネックで、前半はまだしも後半から勢いが失速している。ストーリーはシンプルで、山場の作りは凝っている分、繋ぎのくだりの空虚さが悪目立ちして映ってしまっているかもしれない。

　本作の鑑賞中、耐え難い睡魔と共にナイトメア・シャークが現れぬことを祈るばかりである。

パッチワークのサメ映画

ホワイトシャーク

DATA

原題・別題
FRENZY／SURROUND
ED

製作国
アメリカ

85分／COLOR

監督
ホセ・モンテシノス

製作
ローレン・エリザベス・
フッド

脚本
グラハム・ウィンター

撮影
ジョシュ・マース

音楽
クリス・ライデンハウア／
クリストファー・カノ

出演
オーブリー・レイノルズ／
ジーナ・ヴィトリ／テイ
ラー・ヨルゲンセン／ラ
ネット・タチェル／マイケ
ル・ニュー／ジェフリー・
バンクス

SHARK LEVEL

恐怖度
★★
オススメ度
★★
トンデモ度
★★

『ホワイトシャーク』
DVD発売中
発売元：アルバトロス株
式会社

STORY

　ブログと動画投稿でアクティビティーを稼いでいる人気チャンネル、リット・ライフ。リーダーを務めるブログの女王ペイジと、気の弱い妹のリンジー、そして動画製作班は、新企画の取材旅行に乗り出す。目指すは立入禁止区域の岩礁レッド・ロック・コーヴの洞窟。

　古い自家用水上機をチャーターすると、無許可で目的地に飛び立った一同。だが飛行機は移動中、急に空中分解を起こして海に不時着。ペイジとリンジーは別々に落下してしまった上に、トランスポンダー（信号受信機）を切ってしまっていたことと低空飛行を行っていたことが裏目に出て、リット・ライフの5人は極限状況下に追い詰められてしまう。さらには3匹のホホジロザメまでもが忍び寄ってきて……。

解説

　"FRENZY（狂乱）"の名を持つサメ映画が、この『ホワイトシャーク』だ。

　監督は『ファイブヘッド・ジョーズ』でセカンドユニットの監督を務めたホセ・モンテシノス。製作は『ファイブヘッド・ジョーズ』と『PLANET OF THE SHARKS 鮫の惑星』でラインプロデューサーを務めたローレン・エリザベス・フッドだ。

　まるでパッチワークのごとき本編で成り立つサメ映画である。ファウンド・フッテージ色の強い導入部を交えた、海洋スリラー物の前半は『ケージ・ダイブ』と被っている。"レッド・ロック・コーヴ"の岩礁に辿り着いてからのシチュエーションと、照明弾を使って人食いザメを焼き殺さんとするシークエンスは『ロスト・バケーション』。コンプレックスを抱えた姉妹が主人公のストーリーラインは『海底47m』と重

なる。サメ映画という狭いジャンルの中で、部分的に被りが
生じることは日常茶飯事だが、本作は全体的に被りが多い上
に、総じて2010年代後半のサメ映画と重なっているとなると
厳しい目で見ざるを得ないだろう。初代『ジョーズ』の亜流
が罷り通っていた80年代と今は異なるのだ。

　とはいえ話の合間に前日談を挟む、時系列の入り乱れた話
運びはサメ映画には珍しい。サバイバル・スリラー物の前半
とソリッド・シチュエーション・スリラー物の後半に分かれ
た二部構成に挑んでいる点からは、辛うじて独創性を感じ
る。死に別れた"リット・ライフ"メンバーの幻に励まされな
がらも、リンジーが人食いザメを撃ち抜くクライマックス
は、『ジョーズ'87 復讐篇』で見られるラストのフラッシュ
バックと少しばかり被っているにせよ悪くはない。

　その他、人食いザメのCGモデルは拙いが、許容範囲には
収まっている。

　しかしながら小手先の長所を既視感という短所の方が上
回ってしまっている本作、安易に手を出すと"FRENZY（狂
乱）"することになるだろう。

ディープ・ブルーシリーズの二作目

ディープ・ブルー2

DATA

原題・別題
DEEP BLUE SEA 2

製作国
アメリカ

94分／COLOR

監督
ダリン・スコット

原案
ハンス・ロディオノフ

製作総指揮
トム・ケニストン

製作
トム・シーグリスト

脚本
ハンス・ロディオノフ／エリック・パターソン／ジェシカ・スコット

撮影
トーマス・L・キャラウェイ

音楽
ショーン・マーレイ

出演
ダニエル・サブレ／ロブ・メイズ／マイケル・ビーチ／キム・シスター

SHARK LEVEL

恐怖度
★★

オススメ度
★★

トンデモ度
★★★

STORY

デュラント製薬が所有する海洋研究施設アケイロスでは、オオメジロザメを使った向知性薬の研究開発が行われていた。向知性薬の副作用で偏執症を患っていた大富豪カール・デュラントは、プロジェクトのメンバーとしてサメの専門家をアケイロスに招く。

だがアケイロスを訪れたサメの保護活動家ミスティは、サメに遺伝子改造を施して実験体に用いようとするデュラントと対立する。そしてアケイロスが新薬を投与したオオメジロザメ "ベラ" が突如として暴走を開始。知性と凶暴性を兼ね備えたベラは、ミスティ、デュラント、そしてプロジェクトのメンバーに対して反乱を企てるのであった。

加えて妊娠していたベラは……。

解説

初代『ジョーズ』に並ぶサメ映画の金字塔『ディープ・ブルー』の続編が、この『ディープ・ブルー2』だ。しかしながら本作はテレビ映画である。

主演は『チアーズ3』(2006)と『ブギーマン2 憑依』(2007)に出演したダニエル・サブレ。

デュラント製薬の大富豪カール・デュラント役は『アビス』(1989)、『パトリオット・デイ』(2016)、その他数多くのテレビドラマシリーズで知られるマイケル・ビーチ。ちなみに、初代『ディープ・ブルー』で共同脚本を務めたダンカン・ケネディが、本作の主要人物のキャラクター原案として関わっているとのこと。

初代『ディープ・ブルー』に比べると残酷表現が際立っているサメ映画である。特に犠牲者が手足を失った肉塊と化して海底に沈むシーン並びに、顔に多くの傷を負った犠

牲者がクローズアップで映るシーンと、演出面の方向性が
猟奇的だ。確かに面白い試みだが、初代『ディープ・ブ
ルー』から19年の歳月を経て公開した続編で出し抜けに行
うべき路線変更とは思えず、逆に残酷表現に頼り切ってい
るがゆえに前作の意外性と緊張感を失ってしまっている。

　そして本編が前作からスケールダウンした焼き直しに留
まっている点が痛い。海洋研究施設アケイロスは前作のア
クアティカを縮小化して小道具を減らした代用品に近い
セットだ。遺伝子改造で知性と凶暴性を兼ね備えた人食い
ザメが暴れる流れは前作と同じだが、主要人物は軒並み紋
切り型のキャラクター造形で、前作のスーザン、サミュエ
ル・L・ジャクソン演じるラッセル、プリーチャーに比べ
ると面白さに欠けており月並みだ。

　後半で母ザメ"ベラ"が産み落とした子ザメの群れがピラ
ニアのごとく襲ってくるシーンは本作の強みだが、子ザメの
活躍に尺を取られて、ベラの活躍が薄れてしまっている。

　メイキング映像ではキャストとスタッフが皆一様に初代
『ディープ・ブルー』に対する思い入れを語っている分、
少々心苦しくも思うが、やはり初代『ディープ・ブルー』
には到底及ばないサメ映画である。

2018年

最初で最後の "シャークネード"

シャークネード6
ラスト・チェーンソー

DATA

原題・別題
THE LAST SHARKNA
DO: IT'S ABOUT TIME
／シャークネード6／
シャークネード ラスト・
チェーンソー 4DX

製作国
アメリカ
86分／COLOR

監督
アンソニー・C・フェラン
テ

製作総指揮
デヴィッド・リマウイー／
ポール・ベイルズ／アイア
ン・ジーリング

製作
デヴィッド・マイケル・ラット

脚本
スコッティ・マレン

撮影
バートル・バウネスク

音楽
クリストファー・カノ／ク
リス・ライデンハウア

出演
アイアン・ジーリング／タ
ラ・リード／キャシー・ス
ケルボ／ヴィヴィカ・A・
フォックス／ジュダ・フリー
ドランダー

SHARK LEVEL

恐怖度
★

オススメ度
★★★

トンデモ度
★★★★★

STORY

　地球規模のシャークネードで全世界が滅びてしまったた
め、タイムマシンで白亜紀に戻ったフィンとサイボーグ・
エイプリルの頭部は、原初のシャークネード第一号に遭
遇。未来から来たシェパード家の第三子ギルが歴史干渉を
行ったことで、密かに死の運命を免れていたノヴァとブラ
イアン、サイボーグ化する以前の時系列から回収されてき
たもうひとりのエイプリルと合流した彼は、プテラノドン
に乗ってシャークネード第一号を粉砕する。

　だが、タイムトラベルはまだ終わっていなかった。タイ
ムネードを通ってワープした一同が辿り着いた先は、現代
と異なるアーサー王伝説の中世。魔女モルガナや火を噴く
ドラゴン・シャークと鎬を削りつつ、またしてもシャーク
ネードを打破した一同は、その後も出会いと別れを繰り返
しながらタイムスリップに挑み続ける。

　だがその旅路で取り落としたサイボーグ・エイプリルの
頭部が、悠久の時を経て蘇り、ひいては20013年の文明社
会を支配。フィンに対する執着心から、人類史のリセット
を望む彼と対立する。

　辛くもサイボーグ・エイプリルの手を逃れたフィンが、
すべての戦いに終止符を打つべく向かった決戦の地は、奇
しくもあの始まりのメキシコ沖。そして最後のシャーク
ネードは、かつてフィンがロサンゼルスで倒した最初の
シャークネード、デビッドだった……。

解説

　これまで6年間に渡って映画業界に文字通りの旋風を巻
き起こしてきたシャークネードシリーズ、その堂々たる完

『シャークネード6 ラスト・チェーンソー』
DVD 発売中
発売元：アルバトロス株
式会社

結編が、『シャークネード6 ラスト・チェーンソー』だ。例年通り、あくまでSyfiチャンネル用のテレビ映画として製作された本作だが、日本においてのみわざわざ4DX劇場で全国公開された。

　主演は言わずもがなアイアン・ジーリング。シリーズ最終章となる本作において、彼は製作総指揮を兼任している。

　また監督のアンソニー・C・フェランテが、音楽バンドの"Quint"として、他メンバーと共に自ら出演。その他マット役のキャスティングが、四作目及び五作目のコディ・リンリーから一作目のチャック・ヒッティンガーへと再び戻されている。また一作目でジョージ役を演じたジョン・ハードが、本作の製作時に心臓疾患で亡くなっていたため、過去作のアーカイブ映像を本編に組み込む形で登場している。

　いよいよタイムトラベルにまで手を出してしまったシャークネードシリーズだが、おおまかな流れは前作と同じ、フィンとその仲間たちが世界中を飛び回っては、各地点でシャークネードを撃退していくという、五作目に酷似した筋書きだ。もっとも、その五作目よりも脚本構成がス

マートにまとまっているため、あくまで相対評価ながら前作ほどの煩雑さは感じられなかった。スカイやブライアンに代表される、過去作で印象深かったキャラクターが続々と再登場するのも嬉しいところ。

　前作に引き続きフィンとノヴァのスタンスの違いによる内輪揉めが目立ち、そのドラマの決着が作中さほど納得のいく形でついていない点は心残りだが、その他のエピソードはぎこちないなりにおおむねまとめてはいる。特に本作、シャークネードシリーズが一作目から徹底的に貫き通してきた"家族愛"のテーマを、きちんと描き切っている点は素晴らしい。ただ愛する妻や子との平穏な暮らしを望みながらも、成り行きで戦う中で不本意に英雄視されてしまった上、度々家族を手放す苦しみを味わってきたフィン・シェパードが、幾多の試練を乗り越え自らのささやかな願いを叶えるラストには、ファンとして涙を禁じ得ない。

　やはり粗削りには違いないながらも、シャークネードのフィナーレに相応しい作品だ。『シャークネード』とアサイラム製サメ映画を愛する方は、ぜひともその結末を見届けていただきたい。

　余談だが、シャークネードシリーズ全作品にペチュニアというオポッサムの剥製と、"SANTA MIRA"という名が、イースターエッグめいて登場している。製作陣のちょっとした遊び心というわけだが、筋金入りのファンの方は探してみるといいだろう。

DATA

原題・別題
47 METERS DOWN:
UNCAGED／48 METE
RS DOWN

製作国
イギリス／アメリカ
90分／COLOR

監督
ヨハネス・ロバーツ

製作
ジェームズ・ハリス／ロ
バート・ジョーンズ／マー
ク・レーン

脚本
ヨハネス・ロバーツ／アー
ネスト・リエラ

撮影
マーク・シルク

音楽
トム・アンド・アンディ

出演
ソフィー・ネリッセ／コリー
ヌ・フォックス／ブリアン
ヌ・チュー／システィーン・
スタローン／ジョン・コー
ベット

SHARK LEVEL

恐怖度
★★★★
オススメ度
★★★
トンデモ度
★★★

2021年1月8日発売
『海底47m 古代マヤの
死の迷宮』
ブルーレイ：¥5,280（税
込）
DVD：¥4,180（税込）
発売・販売元：ギャガ

2019年

『海底47m』の続編

海底47m
古代マヤの死の迷宮

STORY

　ミアとサーシャの義姉妹は、学友アレクサとニコールと共に、とある秘密のスポットに向かっていた。考古学者であるミアの父と彼の助手しか知らないという海底洞窟の位置情報を、アレクサが伝手を頼りに聞き出していたのだ。

　森の奥深くに口を開いた海底洞窟の穴に飛び込むと、無断借用したダイビング器材を用いてケイブ・ダイビングに挑む4人。そして狭苦しい洞穴を潜り抜けた先には、水没したマヤ文明の古代都市が広がっていた。生贄の祭壇と美しい彫像を前に感動に打ち震えていた4人だが、不注意で神殿の柱を倒してしまったことから歴史的建造物は連鎖的に崩壊、瞬く間に海底洞窟は出入口の塞がった迷宮と化す。加えて神殿を遊泳するホホジロザメが4人を襲撃。

　盲目のホホジロザメに追い立てられた4人は、冥界下りめいて古代都市の下に眠る埋葬地に進んでいくが……。

解説

　『海底47m』の続編が、この『海底47m 古代マヤの死の迷宮』だ。ちなみに本作は製作時は『海底48m』の仮称で知られていた。

　監督・共同脚本は前作からヨハネス・ロバーツ。

　姉のサーシャ役はコリーヌ・フォックス。『ジャンゴ 繋がれざる者』(2012)、『ホワイトハウス・ダウン』(2013)で知られるジェイミー・フォックスの娘である。そしてサーシャの親友ニコール役はシスティーン・スタローン。あのシルベスター・スタローンの娘だ。そして2人はともに本作が映画デビュー作品である。

　マヤ文明の古代都市を探索するというアドベンチャー色

を新たに加えながらも、"閉塞感"の売りは前作から踏襲したサメ映画である。海底洞窟という舞台設定が効果的に作用して生じた画面内の圧迫感は秀逸で、その暗さと息苦しさでは前作を凌いでいる。

　しかしながら本作の人食いザメには主要人物と同じく、狭い道を通り抜けられずに四苦八苦しているシーンが多い。そして古代都市で独自進化した盲目のホホジロザメという設定上、目が見えず音に容易く釣られるという弱点を抱えている。ゆえに前作に比べるとホホジロザメの絶対性は下がっているかもしれない。

　演出面では身動きの取れない水中の不自由さを狙っているのか、ゆったりとしたカメラワークとスローモーションを後半から少しばかり繰り返しがちだが、エアポケットに潮、点滅するアラームと、ケイブ・ダイビングを活かしたシチュエーションが嬉しい。

　脚本面では主人公姉妹の関係性が順序立てて前向きに変化していった前作に対して、本作の主人公義姉妹の関係性にはさほど掘り下げが見られない点が気にはなる。

　ただし、クライマックスで二転三転する展開は、本作の方が優れている。用意周到に張られた伏線を回収しながらもスリルに満ち溢れた攻防を繰り広げてくる本作のラストは素晴らしい。

　あえて言うならばニール・マーシャル監督作『ディセント』(2005)に近いサメ映画である。

DATA

原題・別題
DEEP BLUE SEA3

製作国
アメリカ

100分／COLOR

監督
ジョン・ポーグ

製作総指揮
トム・ケニストン

製作
トインズ・デ・ヴェット／ハント・ローリー／パティ・リード

脚本
ダーク・ブラックマン

撮影
マイケル・スワン

音楽
マーク・キリアン

出演
タニア・レイモンド／ナサニエル・ブゾリック／エマーソン・ブルックス／蒼れいな

SHARK LEVEL

恐怖度
★★

オススメ度
★★★

トンデモ度
★★★

ディープ・ブルーシリーズの三作目

ディープ・ブルー3

STORY

地球温暖化に伴う海面上昇から水没が間近に迫っていたモザンビーク海峡の漁村 "小さな楽園（リトル・ハッピー）"。海洋生物学者エマは過疎化が進む集落で、ホホジロザメの繁殖地に関する調査活動を行っていた。

一方で、大富豪カール・デュラントの海洋研究施設 "アケイロス" で打ち倒された母ザメ "ベラ" は、3匹の子ザメを産み落としていた。母ザメから知性と凶暴性を受け継ぐ子ザメは、"小さな楽園" に迷い込むと暴走を開始。

そして同じころ、大手製薬会社 "ジェノティクス" がオオメジロザメを回収するべく派遣したチームが漁村を訪れる。しかしながらデュラントの遺産を狙うチームは、エマの意向を無視して強硬手段に訴え……。

解説

初代『ディープ・ブルー』並びに『ディープ・ブルー2』の続編が、この『ディープ・ブルー3』だ。前作で殺し損ねていた3匹のオオメジロザメが改めて人類に牙を剥く。

製作総指揮は、前作と同様にトム・ケニストン。

主演はテレビドラマシリーズ『LOST』（2004-2010）と『マルコム in the Middle』（2000-2006）に出演した、タニア・レイモンド。そして本作には日本人キャストとして蒼れいなが出演している。

初代『ディープ・ブルー』の縮小再生産に等しい『ディープ・ブルー2』と比べると、本作は独自色とメッセージ性の強い続編である。同シリーズに共通して見られる "人類の愚かさ・身勝手さ・傲慢さ" というテーマを、本作では地球温暖化や生態系破壊という環境問題の視点から描いている。作品の主題に目新しさは見当たらないが、

同シリーズの芯に対して過去作と異なるアプローチで向き合っているという点は挑戦的で好印象だ。

　映像的にはカメラワーク、ライティング、セット、そして画面上に映るすべてが、前作に比べて明らかに垢抜けている。単刀直入に言って『ディープ・ブルー2』の面影すら見当たらない出来栄えだが、脚本的には前作のラストから地続きのプロットとして作り込まれている分、両者の差が際立っている格好だ。

　しかしながら本作、サメの出番は控えめになっている。"小さな楽園" で調査活動を行う海洋生物学者と、オオメジロザメの回収を企むチームの攻防に重きが置かれているがゆえに、サメの襲撃シーンが割を食っている点は否めない。そのため、モンスター・パニック物として人食いザメが暴れ回る様を望むならば、過去作に軍配が上がるだろう。ただしクライマックスの一騎打ちに関しては、それなりに緊迫感が出ている。

DATA

原題・別題
SHARK SEASON

製作国
アメリカ

88分／COLOR

監督
ジャレッド・コーン

原案
アンドレア・ルース

製作総指揮
デヴィッド・リマウイー

製作
デヴィッド・マイケル・ラット

脚本
マーク・アトキンス

撮影
ジャレッド・コーン

音楽
クリス・ライデンハウア／クリストファー・カノ／マイケル・シェーン・ブラザー

出演
マイケル・マドセン／ペイジ・マクガーヴィン／ジュリアナ・デステファーノ／ジャック・ピアソン

SHARK LEVEL

恐怖度
★★

オススメ度
★★

トンデモ度
★★

2020年

『ホワイトシャーク』とは無関係のサメ映画

ホワイトシャーク
海底の白い死神

STORY

　カジョー海盆の岩礁を目指して、カメラマン、メーキャップアーティストと共にカヤックを漕いでいたモデルのサラ。だが、近くに座礁したクジラの群れに引き寄せられて、ホホジロザメの群れが現れる。飢えと縄張り意識から人食いザメに変貌したホホジロザメの群れは、岩礁に辿り着いた一同を襲撃。慌ててカヤックに乗ると、辛うじて岩礁から離れた砂州に緊急避難したサラ。しかしながら同じ頃、フロリダキーズを飲み込むと言われる大潮 "キングタイド" が砂州に接近していた。

　意を決したサラは、民間航空パトロールに勤める父のサポートを受けながらも "海底の白い死神" に立ち向かうが……。

解説

　『ホワイトシャーク』とはまったく無関係のサメ映画が、この『ホワイトシャーク　海底の白い死神』だ。アサイラム製サメ映画には珍しい正統派のサメ映画である。

　本作にはアサイラム製サメ映画に絡んだ複数人のビッグネームが関わっている。監督、撮影は『バトル・オブ・アトランティス』(2013)、『アトランティック・リム』(2018) というアサイラム作品で知られるジャレッド・コーン。脚本はマーク・アトキンス。ちなみに第二班の共同監督として、シャークネードシリーズのアンソニー・C・フェランテが撮影に加わっている。

　キャストには『MEGALODON ザ・メガロドン』からマイケル・マドセンが出演している。

　時限設定を設けたシチュエーションに加えて、母の死に関するヒロインのエピソードと、本作は『ロスト・バケー

ション』との共通点が見られるサメ映画である。とはいえパドルとイルカの群れ、その他取るに足らない小細工の数々に手玉に取られている本作の人食いザメは、少しばかり情けない。加えて作中で度々"キングタイド"という大潮の襲来を仄めかしておきながらも、本編内で自然災害は起こらず、ホホジロザメを倒してラストを迎える点は、人食いザメの弱さと併せて拍子抜けである。

そしてクライマックスでは、ボートを駆る救援隊が「浅瀬で主人公が乗るカヤックの傍に行けない」という旨の台詞を吐く。しかしながらその後、"浅瀬"に位置しているカヤックは、真下から人食いザメの襲撃に遭って転覆する。海に落ちた主人公は水中に深々と身を沈める上に、海底には砂が広がるばかりで、ボートの動きを阻害する岩、海藻、サンゴ礁の類は見当たらない。本作の救援隊が言い張った"浅瀬"には不明点が多い。ほかには間延びした会話劇の、掛け合いの噛み合わなさ、同じトークの繰り返しと映像素材の使い回しが多い点がネックだ。

一方で、正統派のアサイラム製サメ映画という新鮮味は大きかった。この手の海洋スリラー物はとかくワンシチュエーションで画面上の動きが少なくなりがちだが、岩礁、砂州、大海原と移り変わる舞台設定に、民間航空パトロール側の視点を話の合間に挟む脚本構成という創意工夫の数々は、手放しに褒められはしないながらも悪くはない。

アサイラム社の挑戦心を評価すべきサメ映画だろう。

余談だが、世界中に新型コロナウイルスが広がっていた本作の製作時、アサイラム社は比較的新型コロナウイルスの脅威が信じられていなかったフロリダ州に赴いて撮影を行ったという。

日本国内未ソフト化サメ映画について

2020年12月31日の現時点において、日本国内では未公開のサメ映画、もしくは劇場公開またはテレビ放送のみで、ついぞソフト化の機会に恵まれなかったサメ映画は多い。

現存するサメ映画の中で最も古い作品のひとつが『WHITE DEATH』(1936) だ。本作のフィルムはオーストラリアの国立視聴覚アーカイブセンター"National Film & Sound Archive of Australia (NFSA)"が保有しており、原則として製作者・出演者とその親族を除いた個人に対するコピー品の譲渡は行っていないとのことだが、この度本書の執筆のためにNFSAと直接コンタクトを取り、例外的に、正規の手段でコピー品をお譲り頂いた。ただし、現存するマスターには前半の一部音声が収録されていない。

"WHITE DEATH"の名で知られる人食いザメを追って、ゼイン・グレイが本人役で戦う本作は、コメディ色の強い海洋アドベンチャー物。特に主要人物が大海原に乗り出す後半のプロットは初代『ジョーズ』の原型と言えなくもない。サメの出番は少ない上に、会話劇で間を持たせている作りだが、1930年代の映像作品だという点は考慮しなくてはなるまい。ゼイン・グレイが率いる個性豊かな一同の珍道中を楽しむべきサメ映画だ。余談だが、ゼイン・グレイは1935~1936年にフィッシングツアーを行ったことで、英

国動物虐待防止協会 (RSPCA) から批判を受けていた。本作には魚の保護活動家が酷い目に遭うシーンが度々見られるが、それはRSPCAに恨みを持つゼイン・グレイの意向を反映した仕返しだと言われている。

『KILLER SHARK』(1950) はその名に反して、サメの襲撃シーンがほとんど見受けられないサメ映画である。サメを狩るために船に乗った父と子が、航海中のアクシデントで悪戦苦闘する様を描いた作品で、物語は主に会話劇で進む。そして展開に起伏が少ないがゆえに、少々倦怠感を覚えるかもしれない。

『虎鮫作戦』(1956) はアメリカ合衆国海軍に属する主人公が、キューバのピノス島で人食いザメの忌避剤を作るまでを描いた異色のサメ映画。新薬の研究開発に絡んだ人間模様が主題の作品だが、本物のサメを使用した襲撃シーンが複数回盛り込まれている。なお、作中に登場するサメの忌避剤は実在する。

"B級映画の帝王"ロジャー・コーマン監督作『鮫の呪い』(1957) は人食いザメを神と崇める島のカルト宗教と、無法者の主人公兄弟が織り成す、ラブ・ロマンス色の強い海洋アドベンチャー物。人食いザメの活躍は少ない上に、サメの襲撃シーンはフッテージの継ぎ接ぎである。

海底に沈んだ財宝を巡って海の男が人食いザメ並びに無法者と戦うサメ映画が、コーネル・ワイルド監督作『**シャーク・トレジャー**』(1975) だ。ケージ・ダイビングでの水中撮影とクライマックスで荒波に揉まれるキャストには目を見張るが、やや展開が停滞しがちな中盤と、本物のサメを動物虐待に等しい形で死なせている点が人を選ぶだろう。ちなみに、後半からサメの出番は極端に減少する。

本家『ジョーズ』に便乗して生まれた『**人食いジョーズ・恐怖の漂流24時間**』(1976) は、フッテージで成り立っているサメの襲撃シーンの少なさと緊迫感の乏しさ、そして会話劇の長さがネックである。あくまで主人公の2人の掛け合いを楽しむ、バディ物の作品として見るべきだろう。主要人物が大海原を漂うという『オープン・ウォーター』に似た海難スリラー物のストーリーラインを持っている点も見逃せない。

『**人喰いシャーク バミューダ魔の三角地帯の謎**』(1978) は狂気の沙汰じみたオカルト系サメ映画である。サメが根城としているバミューダ・トライアングルの海域を主要人物が探索するという作品だが、吐血する死体のような謎の人形を抱えた少女に、突如として妖しい光を放ち人々を集団自殺に導く海底洞窟、そして海の底から響き渡る女の声が、説明不足で破綻した脚本構成に紛れて唐突に登場するため、その本編は無秩序を極めている。加えて編集が乱雑で、しばしば映像と音楽が途切れる始末。水中撮影の美しさと、演出面のおどろおどろしさ、不条理で薄

気味悪いラストのみを評価すべきだろう。

『ジョーズ・リターンズ』のエンツォ・G・カステラッリ監督作『**シャーク・ハンター**』(1979) は、カリブ海のシャーク・ハンターが海に沈んだ金を巡る抗争に巻き込まれるクライム・アクション物。あくまでサメは脇役だが、海の男が繰り広げる駆け引きと小競り合い、そしてラストの爽やかさが秀逸で、実はなかなか面白い。

ルネ・カルドナ・Jr.監督作『**FURIA ASESINA**』(1990) は、サメの研究と新薬の開発に取り組む男女が海に出る様を描いたメキシコのサメ映画。だがその本編は代わり映えのしない水中撮影とフッテージの垂れ流しで占められている。後半から少しばかりサスペンス色が増すものの、ひたすら退屈で虚無的だ。

"インドのジョーズ"の異名で知られる『**AATANK**』(1996) は、一説には70年代もしくは80年代にインドでお蔵入りしたという未完成の映像作品を、90年代に撮影再開して仕上げたサメ映画。ゆえに古いショットと追加撮影分でフィルムの質感の違いが甚だしい上、空白期間中にオリジナルのキャストが2名も亡くなり代役を起用しているという始末。漁村を牛耳る実業家と主人公の対立軸に加えて、最愛の義兄弟の命を奪った人食いザメに対する復讐劇に、歌と踊りを交えたプロットは乱雑だ。そしてサメの出番は少ないが、よくよく考えると重苦しい展開が多いながらも暗さを感じさせない物語はそれなりに楽しく、クライマックスの盛り上がりはなかなかのもの。ボリウッド映

画が好きならば一見の価値はあるだろう。

マリーナに現れた人食いザメを巡る『MARINA MONSTER』(2008) はコメディ色の強い、自主配給のインディー映画。だが放屁や性に絡んだジョークの下品さが目に余る上に、代わり映えしないサメの襲撃シーンの繰り返しで成り立っている間延びした展開、ハンディカムで撮影した本編、クロマキー合成の多用と紙細工めいた人食いザメはいずれも評価に値しない。

『MAKUA CHARLEY』(2013) は人と神の間に生まれたサメ人間が、ハワイの海で観光客を襲いながらも人間のヒロインと愛を育むラブ・ロマンス物のサメ映画。しかしながらテンポが冗長で会話劇が多く、一山いくらのインディー映画に留まっている。

セミヌードの男性がしばしば映る『90210 SHARK ATTACK』(2014) は少々イメージビデオめいた趣向のサメ映画である。興奮時に人食いザメと化すサメ人間のヒロインが若い男女を襲う作品だが、ひたすら平坦で間延びした本編の貧弱さと、手抜きの目立つ映像面は論外だ。

『DAM SHARKS!』(2016) は人食いザメが犠牲者の死体でダムを造るサメ映画だ。ダムが決壊して血肉が飛び散るシーンのおぞましさに関してのみ図抜けているが、ほかに特筆すべき点は見受けられない。

『ゾンビシャーク 感染鮫』のミスティ・タリー監督作『OZARK SHARKS』、別題

『SUMMER SHARK ATTACK』(2016) は、オザーク高原に出現した人食いザメとヒロインが戦うサメ映画。しかしながら映像面から脚本面に至るまで平々凡々とした出来栄えで、後半のサメをウッドチッパーで粉砕するシーンと、大砲で迎撃するシーンを除けば少々見所に乏しい。

またしてもミスティ・タリー監督作『MISSISSIPPI RIVER SHARKS』(2017) は、ミシシッピー川に現れたサメとヒロインが戦うサメ映画。ただし『OZARK SHARKS』と同様に、そこそこ手堅くまとまってはいるもののすべてが及第点止まりで没個性的だ。あっさり退場する脇役のジェイソン・ロンドンにはせめてもう少し活躍の場を与えるべきだった作品である。

日本国内ではAmazonプライム・ビデオで配信中のサム・クアリアナ監督作『コマンドーシャーク 地獄の殺人サメ部隊』(2018) は、文明崩壊後の近未来でサメ人間を率いる新ソビエト軍と、新アメリカ軍が雌雄を決するサメ映画。しかしながら『スノーシャーク 悪魔のフカヒレ』に増して間延びした話運びに、聞くに堪えないジョークとナンセンスギャグの数々、悪ふざけと設定面のインパクトに頼り切っているがゆえに志の低さが浮き彫りの映像面は劣悪の一言。

『TOXIC SHARK』(2017) は頭部の突起から緑色の毒液を噴出する人食いザメが、ゾンビと共に海で暴れるサメ映画だ。とはいえサメの襲撃シーンに目新しさが見られず、サメとゾンビを組み合わせるアイデアまで『ゾンビシャーク 感染鮫』と

2021年2月11日発売『ウィジャ・シャーク 霊界サメ大戦』価格：¥4,180（税込）販売元：株式会社コンマビジョン
© 2017 Wild Eye Releasing. All Rights Reserved.

被っておりフックが弱い。

やはりミスティ・タリー監督作『SANTA JAWS』(2018) は、ナードの少年が魔法のペンで描いたキャラクター"SANTA JAWS"が現実世界に実体化してしまったため、家族や友人と一致団結して問題解決に乗り出すというサメ映画。クリスマス・ホラー物の王道を往く脚本に伏線回収の手際、そしてサンタクロースの帽子と電飾で全身を飾ったサメのデザインは秀逸。惜しむらくはテンポが悪く、特に前半の冗長さは否めない。

『BAD CGI SHARKS』(2019) は幼少期に映像製作を志していた主人公兄弟の、"サメ映画"の脚本から人食いザメが実体化、創作者に反旗を翻すというメタ・フィクション物のサメ映画。主要人物の高いテンションと悪ふざけの数々がやや空回りしてはいるが、サメとの戦いを通して主人公兄弟の創作活動に対する思いを描いたプロットは上出来。突如として露わ

となるXYZ軸に、異形化した3Dモデルの"BAD CGI SHARK"など細かいアイデアは秀逸で、作りは不器用かつ青臭さは残るものの激しい情熱を感じる一本だ。

スコット・パトリックもといブレット・ケリー監督作『ウィジャ・シャーク 霊界サメ大戦』(2020) は、ウィジャ盤から現れる人食いザメの精霊を描いたオカルト系サメ映画だが、その出来栄えは杜撰脱漏だ。まず友人と遊ぶために森で合流する手筈の主人公が、突如として集合地点の森から離れたビーチで泳ぎ始めた末、浜でウィジャ盤を拾うという導入部からして支離滅裂。そしてウィジャ盤を拾うまでに約10分、主人公が友人と合流してからウィジャ盤を試すまでに約10分と、明らかに水増しを狙った尺稼ぎが目立つ。その他内々の

2021年3月3日発売『スカイ・シャーク』価格：¥4,180（税込）発売・販売元：ギャガ
© 2020 Fusebox Films GmbH

悪ふざけと手癖で成り立っている本編はナンセンスギャグという言い訳すら効かぬ有様。しかしながらサメが口からエネルギー弾を吐くシーンに関してのみ、腹立たしくも笑わざるを得なかったことは申し添えておく。

地球上に降り立ったエイリアンが、洗脳光線と人食いザメを用いて人々を襲う**『SHARK ENCOUNTERS OF THE THIRD KIND』**(2020)は、監督であるマーク・ポロニアの嗜好を反映した古典的怪奇SF色の強いサメ映画。とはいえクライマックスまで主要人物とエイリアンがまるで絡まない点、単なる尺稼ぎと思しき不自然な間が多い点、そして同じ映像素材を短いスパンで使い回している点が困りもの。

同じくマーク・ポロニア監督作**『VIRUS SHARK』**(2020)は、サメを媒介して広がるウイルスの治療法を巡って海底研究施設の面々が奮闘するサメ映画。しかしながらサメの出番は元々少ない上に、後半からはサメなどそっちのけのSFパニック展開に移行する始末。そしてご多分に漏れず間延びした話運びが気になる作品で、面白いとは言い難い。

ナチス・ドイツ残党の超人兵士とゾンビの部隊が、ジェットエンジンを搭載した空飛ぶサメを駆り世界征服を企む**『スカイ・シャーク』**(2020)は、特殊効果にあのトム・サヴィーニが関わっている分、残酷表現は秀逸。一方で102分のランニングタイムと、回想シーンと会議シーンの連発で中盤から勢いが失速している点、そして空飛ぶサメの扱いが添えものに近い点が気になる。とはいえ良かれ悪しかれ、しっかり作り込まれた正統派のスプラッター映画ではある。

作品索引

解説ページは**太字**で表示しています

おわりに

　本書の執筆にあたって、これまでに蒐集した世界中のサメ映画を、一から順々に観ていく必要に迫られた。元々好きでサメ映画を集めていたので、今一度すべてのサメ映画を観ることそれ自体には、当初まったく抵抗を感じていなかった。が、本業、副業と並行して執筆作業を行わなければならない時間配分の都合上、1年と5ヶ月ばかりプライベートでサメ映画以外の映像作品を観ることがなかなか叶わず、その点は本当に苦しかった。少なくとも執筆中はほとんどサメ映画と、アサイラム社が製作した低予算早撮りのテレビ映画ばかりを繰り返し観続けていた。

　とはいえ苦しさと表裏一体の楽しさも確かに存在していた。執筆作業に伴い、映画史に埋もれた数多くのサメ映画を掘り返しては、本編の再確認、関係者と関連作の再調査を行うことが、ときには新しい発見、新しい作品との出会いにも繋がった。そして、改めてサメ映画を好きになるきっかけになった。

　本書を手に取ってくださった皆々様にも、サメ映画を好きになっていただければ幸いである。

知的風ハット（ちてきふうはっと）

1992年生まれ。サメ映画ライター、動画投稿者。2014年から日本国内では動画投稿者として初めてサメ映画を専門にした評論・告知・研究活動を行う。『映画評論・情報サイトBANGER!!!』『月刊少年チャンピオン』で映画コラムを連載。

小口絵
左：©Brandon Cole/Nature Production /amanaimages
右：©Nature Picture Library/Nature Production /amanaimages

サメ映画大全

2021年7月30日 第一刷発行
2021年8月1日 第二刷発行

著者　知的風ハット
発行者　小柳学
発行所　株式会社左右社
〒151-0051　東京都渋谷区千駄ヶ谷3丁目55-12 ヴィラパルテノンB1
TEL 03-5786-6030
FAX 03-5786-6032
http://www.sayusha.com
装画　高橋将貴
装幀　松田行正＋杉本聖士
印刷・製本　創栄図書印刷株式会社

「SHARK 5　2011〜2020」に掲載されている『PLANET OF THE SHARKS 鮫の惑星』、『MEGALODON ザ・メガロドン』『海底47m 古代マヤの死の迷宮』『ホワイトシャーク 海底の白い死神』の作品解説は、映画評論・情報サイト BANGER!!!（https://www.banger.jp）に発表した記事を加筆・修正したものです。その他はすべて書き下ろしになります。
また本書に掲載しているDVD、Blu-rayの発売情報は2021年7月現在のものとなります。